Tobias Hermann

Der christliche Glaube

Tobias Hermann

Der christliche Glaube

"Durch Gottes Gnade bin ich, was ich bin“ (1. Kor 15,10)

Fromm Verlag

Impressum / Imprint
Bibliografische Information der Deutschen Nationalbibliothek: Die Deutsche Nationalbibliothek verzeichnet diese Publikation in der Deutschen Nationalbibliografie; detaillierte bibliografische Daten sind im Internet über http://dnb.d-nb.de abrufbar.

Bibliographic information published by the Deutsche Nationalbibliothek: The Deutsche Nationalbibliothek lists this publication in the Deutsche Nationalbibliografie; detailed bibliographic data are available in the Internet at http://dnb.d-nb.de.

Coverbild / Cover image: www.ingimage.com

Verlag / Publisher:
Fromm Verlag
ist ein Imprint der / is a trademark of
OmniScriptum GmbH & Co. KG
Heinrich-Böcking-Str. 6-8, 66121 Saarbrücken, Deutschland / Germany
Email: info@frommverlag.de

Herstellung: siehe letzte Seite /
Printed at: see last page
ISBN: 978-3-8416-0567-2

Inhaltsverzeichnis:

Anhang:

Vorwort:

Paulus schreibt: *„Durch Gottes Gnade bin ich, was ich bin" (1. Kor 15,10)*

Liebe Leserin, Lieber Leser,

viele Menschen können verschiedene Eigenschaften aufzählen, die sie auszeichnen. Manch einer ist ein kräftiger Sportler, ein kreativer Künstler oder eine engagierte Geschäftsfrau. Für manche, wie zum Beispiel für Models und Schauspieler, kann aber auch das Aussehen ein wichtiges Merkmal sein, das für das „Ich" der einzelnen Person von besonderer Bedeutung ist.

Hier im vorliegenden „Büchlein" soll es aber um das gehen, was einen Menschen nach christlichem Verständnis ausmacht. Und das sind nicht wenige Menschen, die auf diesen christlichen Gott vertrauen. Statistische Zahlen sprechen davon, dass etwa 32% der Weltbevölkerung Christen sind. Diese Christen weltweit glauben an ihren Herrn Jesus Christus und vertrauen nicht allein auf ihre eigenen Möglichkeiten, sondern auf das, was Gott in Jesus Christus für sie möglich gemacht hat. So vertrauen Christen auf den auferstandenen Jesus Christus, der den Menschen die Schuld vergibt und ihnen Hoffnung auf ein ewiges Leben schenkt. Eben in dieser Hoffnung soll ein Christ leben und getrost bis an sein seliges Ende in Gottes Friedensreich gehen.

Die verschiedenen Themen des christlichen Glaubens möchte ich ausgehend vom Standpunkt des Apostels Paulus entfalten *(im Anhang findet sich dazu eine knappe Zusammenfassung der Theologie des Apostels Paulus)*. Paulus hat in seinem Leben erfahren, dass es nicht auf die eigene Kraft und auf die eigene menschliche Weisheit ankommt. Paulus kam zur Glaubenserkenntnis darüber, dass viel wichtiger als die eigene Kraft und Weisheit das ist, was der Mensch vor Gott gilt. Er hat erkannt, dass der Mensch von Gott bedingungs- und grenzenlos geliebt ist. Durch diese Erkenntnis war Paulus dann auch fähig, unter anderem diese wunderbare Aussage vom Vertrauen auf Gottes Gnade an die Mitchristen in Korinth weiterzugeben: „Durch Gottes Gnade bin ich, was ich bin“ (1. Kor 15,10).

Ihnen wünsche ich beim Lesen viel Freude. Hoffentlich kann Ihnen dieses „Büchlein“ wichtige Impulse und ein tieferes Verständnis für das christliche Vertrauen in Gott mit auf den Weg geben.

Herzliche Grüße

Ihr Tobias Hermann

Für meine geliebte Tochter

Cecile-Elise Hermann

1. **Ich bin jemand!** – *„Durch Gottes Gnade bin ich, was ich bin." (1. Kor 15,10)*

Wir Menschen stehen unter dem Druck, jemand werden zu müssen. Es beginnt schon ganz früh. „Was Hänschen nicht lernt, das lernt Hans nimmer mehr", so lautet ein bekanntes Sprichwort. Aber nicht nur in der Schule geht es darum, dass ein Mensch durch Bildung etwas werden soll. Auch im Beruf möchte man Karriere machen und jemand werden, zu dem andere aufschauen. Doch kann das alles sein? Gibt es in einer solchen Sicht auf das Leben Frieden und Glück? Muss man erst jemand werden, um jemand zu sein?

Ein klares „Nein" spricht hierzu das christliche Vertrauen in Gottes Gnade. Schon der Apostel Paulus musste erfahren, dass die wichtigste Erkenntnis die ist, dass wir vor allen unseren Bestrebungen bei Gott schon jemand sind. Wir können uns noch so hohe Ziele setzen und anstreben. Wichtiger als unsere Ziele, die wir anvisieren, ist der Grund auf dem wir stehen. Wir sind getragen von Gottes Liebe, mit der er uns zuerst geliebt hat. So hat es Paulus erkannt und dann wunderschön in Worte gefasst: „Durch Gottes Gnade bin ich, was ich bin" (1. Kor 15,10). Nicht die hohe Bildung und Weisheit hat das Leben von Paulus besonders gemacht. Wichtiger als sein Studium der Heiligen Schrift war die Erkenntnis, die er als damaliger Christenverfolger vor Damaskus erhalten hat. Der auferstandene und verherrlichte Jesus Christus selbst erschien ihm und öffnete ihm die Augen. Seine frommen Wünsche und sein Streben nach hoher religiöser Bildung waren für Paulus schlagartig zu einem Irrweg geworden. Paulus hatte den Grund und das Fundament aus den Augen verloren und erst der verherrlichte Jesus Christus konnte Paulus vor Damaskus zeigen, dass er schon jemand ist.

Paulus ist nämlich mehr als seine religiöse Bildung. Er ist aber auch mehr als die schlimmen Folgen und Taten seines religiösen Wahns. Trotz seiner Beteiligung an der Steinigung des Stephanus ist Paulus bei Gott mehr als ein Christenverfolger. Gott hasst die bösen Taten und falschen Wege eines Menschen, aber trotzdem ist Gott jeder Mensch alles wert. Bei Gott hat jeder Mensch eine unzerstörbare Würde und einen beständigen Wert. Gerade deshalb ist das Evangelium von Jesus Christus so befreiend. Denn Gott unterscheidet in seiner Liebe, die er in Jesus Christus der Menschheit offenbart hat, zwischen der Person des Menschen und seinen Werken. Wichtiger als unsere guten und schlechten Handlungen sind der unerschütterliche Wert und die unzerstörbare Würde, die wir bei Gott besitzen. Gottes Liebe kann man sich nicht verdienen, denn Gottes wahre Liebe ist ein Geschenk, das nur dankend angenommen werden kann. Als Menschen sind wir dazu bestimmt, nicht durch unsere Taten jemand zu werden, sondern zu erkennen, dass wir bei Gott als Person schon angenommen und wertgeschätzt sind.

In der Welt kann uns vieles genommen werden. Die Karriere kann ein Ende finden und unsere Erfahrungen, Erkenntnisse und unser Wissen können in Vergessenheit geraten. Frieden und Glück findet man deshalb nicht im Streben nach hoher Weisheit und im Wunsch der Selbstverwirklichung. Glück und Frieden hat nur der, der auf einem festen Grund und Fundament steht. Glück und Frieden findet nur der, der darum weiß, dass Gott „Ja" zu ihm ganz persönlich gesagt hat. Gott möchte uns annehmen und nicht verstoßen. Denn Gott möchte uns treu sein, auch wenn wir ihm gegenüber immer wieder untreu sind.

Diese Liebe hat Paulus vor Damaskus durch Jesus Christus erfahren. Aber in seinem Streben nach religiöser Vollkommenheit ist ihm eben diese Liebe abhanden gekommen. Doch ohne die Liebe waren alle seine Bestrebungen vergeblich. Sein Wunsch nach Selbstverwirklichung hat ihn in eine Sackgasse geführt, denn verblendet von seinem religiösen Eifer hat Paulus seine Umwelt vergessen. Der Glaube von Paulus hat sich verfinstert und ist dann zum Aberglauben geworden. Aber einen Aberglauben finden wir auch überall da, wo der Mensch viel zu sehr an sich selbst denkt und alles der Selbstverwirklichung unterwirft. Deshalb sollen wir nicht auf uns selbst vertrauen, sondern unser Vertrauen soll sich auf den richten, der vollkommen gut ist und mehr sieht als unsere guten und schlechten Taten. Frieden und Glück findet deshalb nur der, der sein Leben aus dem Blickwinkel Gottes sieht und darum weiß, dass er mehr ist als seine begrenzte menschliche Weisheit und seine endliche menschliche Leistungskraft. Wichtiger sind die Liebe und die Treue Gottes, die ein sicheres und festes Fundament für unser Leben sind und ewig bestehen bleiben.

Das Vertrauen in diese göttliche Liebe und Treue trägt. Dahingegen führt ein übersteigertes Selbstvertrauen in die Einsamkeit und Verzweiflung. Denn wir können nicht alles möglich machen und weil das so ist, müssen wir schlussendlich immer wieder an unseren begrenzten Möglichkeiten scheitern. Gegen diese Verzweiflung an den eigenen Begrenzungen hilft aber allein das Vertrauen in Gottes Liebe, durch die unser Leben auch in schweren Zeiten bewahrt ist. Wer auf Gott vertraut, der weiß nämlich um einen Wert beziehungsweise einen Sinn seines Lebens, der nicht durch schwere Zeiten oder durch schlechte Taten ausradiert werden kann.

Sicherheit, Frieden und Stabilität findet also nur der, der sein festes Fundament im Vertrauen auf den hohen Wert seines Lebens im Licht von Gottes Liebe hat. Das, was Paulus in 1. Kor 15,10 so wunderschön geschrieben hat, verdeutlicht uns, dass wir schon jemand sind, bevor wir angefangen haben jemand zu werden. Denn Paulus schreibt hier: „Durch Gottes Gnade bin ich, was ich bin" (1. Kor 15,10). Ich bin also bei Gott schon jemand und muss nicht erst jemand werden. Meine Würde muss ich mir nicht verdienen, denn meine Würde ist mir von Gott geschenkt und garantiert!

2. **Ermöglichter Neuanfang!** – *„Darum, ist jemand in Christus, so ist er eine neue Schöpfung" (2. Kor 5,17)*

In unserer Zeit ist es nicht schwer als „altmodisch" abgestempelt zu werden. Wir leben in einer Zeit, die sich ganz rasant wandelt. Trends und Lebensweisen ändern sich rasch und es gibt immer wieder Menschen, die dabei auf der Strecke bleiben. Besonders auch ältere Menschen können zum Teil die heutigen Jugendlichen nur schwer verstehen. Allein schon die Sprache hat sich gewandelt. Kürzel und neumodische Ausdrücke haben das Internet längst verlassen und sind für einige Jugendliche (und nicht nur für die) zur Umgangssprache geworden. Das Internet und seine Schnelllebigkeit prägen unsere Zeit. Wer nicht „online" ist, der ist nicht mehr im Trend und steht dann auf dem „Abstellgleis".

Aber hat dieser enorme technische Fortschritt uns als Menschen weitergebracht? Natürlich hat das Internet vieles erleichtert, aber hat es uns als Menschen in unserer Mitmenschlichkeit weitergeführt oder hat es unseren Beziehungen nicht eher geschadet? Internetforen und Chats sind schön und gut, aber es ist nicht gut, wenn diese Netzwerke unsere zwischenmenschlichen Beziehungen beeinträchtigen. Der Mensch, der zum Beispiel im Internet ein „Star" ist, kann im alltäglichen Leben ein „Flop" sein. Oder welche „Facebook"-Freundschaft ist eine wirkliche Freundschaft? Es ist schlimm, wenn Menschen die Wirklichkeit verlorengeht und sie sich im Internet eine eigene Traumwelt errichten.

Wenn die Bibel hingegen davon spricht, dass etwas „neu" werden soll, dann meint dieses „alte Buch" an diesen Stellen nicht, dass alles dem neusten Trend folgen und unterworfen werden muss. Es würde unser Leben auch nur kurzzeitig erhellen, wenn die biblische Botschaft nur ein Trend wäre, der zu veralten droht. Deshalb spricht die Bibel nicht von einem Trend, sondern von dem, was unser Leben grundlegend erneuern oder eben in ein neues Licht stellen kann. So schreibt Paulus über das „Neue" im Leben, im 2. Korintherbrief (in Kapitel 5, Vers 17): „ *Darum, ist jemand in Christus, so ist er eine neue Schöpfung"*. Das „Neue", von dem hier die Rede ist, ist nichts, das bald schon wieder altmodisch wird, sondern das, was das herkömmliche Leben vollkommen auf den Kopf stellt und gleichzeitig für alle Ewigkeit gilt.

In diesem Zusammenhang spricht Paulus von einer „neuen Schöpfung" oder von einem „neuen Menschen". Paulus ist davon überzeugt, dass der Mensch „neu" werden muss. Denn auf seinen Missionsreisen sah er viele verschiedene Menschen, die wenig Hoffnung und Trost im Herzen hatten. Paulus sah aber auch Menschen, die bösartig waren und andere Mitmenschen bedrohten oder gar verletzten. Auch in unserer Zeit gäbe es viel, zu dem wir sagen müssten, dass es anders oder „neu" werden sollte. Unsere Welt besitzt viele dunkle Stellen und Abgründe. Deshalb müsste vieles „neu" und anders werden, um endlich gut sein zu können. Aber uns ist es nicht möglich, denn wir können nicht alle Schattenseiten in unserem Leben oder gar in der Welt ausradieren. Krankheiten, Trauerfälle und Sorgen lassen sich nicht einfach abstellen. Zu unserer Welt gehören diese dunklen Bereiche. Unsere Welt und wir als Menschen in dieser Welt müssten anders und „neu" werden, damit es gut werden kann.

Genau von dieser Hoffnung schreibt Paulus im 2. Korintherbrief. Paulus schreibt, dass er davon überzeugt ist, dass nur Jesus Christus alle Dinge zu einem guten Ende führen kann. Vor Damaskus ist Paulus diese „Neuheit des Lebens" begegnet. Paulus hat den auferstandenen und verherrlichten Jesus Christus in seiner Herrlichkeit gesehen. Er hat in dieser Herrlichkeit, die Jesus Christus umgab, erkannt, dass Jesus Christus über den Tod, die Sorgen, die Krankheiten und den Kummer in der Welt gesiegt hat. Es gibt Hoffnung in allen Lebensbereichen. Selbst der Tod hat nun nichtmehr das letzte Wort.

Für Paulus steht nach dieser Christuserscheinung vor Damaskus fest, dass allein Jesus Christus unsere Hoffnung ist. Er ist für die Christen die lebendige Hoffnung und steht für das „Neue“, das nicht vergeht. Er steht für eine Hoffnung, die wie ein helles Feuer in den Herzen der Menschen erstrahlen soll. Das alte Leben mit allen seinen dunklen Schatten soll endlich zurückgedrängt werden. In der alten Hoffnungslosigkeit soll Hoffnung aufstehen und wo Kraftlosigkeit herrscht, soll Gottes Kraft in den schwachen Menschen mächtig sein. Deshalb steht das Leben eines Menschen, der auf Jesus Christus vertraut, unter dem Licht seines auferstanden Herrn und als eben dieser Christ darf der einzelne Mensch mehr sehen als die Schattenseiten seines Lebens. In der Dunkelheit des Lebens kann dann endlich wieder Lebensmut und Zuversicht aufstehen. Genau für diese Aufbrüche steht Jesus Christus, denn er möchte den Gestrauchelten und Niedergeschlagenen Kraft geben, damit sie in ihren Leben neu beginnen und wie er aufstehen können!

3. **Begeisterung für Gott!** – *„Denn Gott ist's, der in euch wirkt beides, das Wollen und das Vollbringen, nach seinem Wohlgefallen.“ (Phil 2,13)*

Wir Menschen können viel wollen und es sind dann auch viele, die sich u.a. an Silvester einiges für das neue Jahr vornehmen. Der eine will weniger rauchen und wieder ein anderer will weniger Schokolade essen. Diesen Versuchungen zu widerstehen, kann eine schwere Aufgabe sein, denn für uns Menschen ist der Kampf gegen solche Versuchungen meist sogar unmöglich zu gewinnen. Immer wieder fallen wir auf die Versuchungen, die uns die Welt bietet, herein. Eine Tafel Schokolade oder eine Zigarette sind dabei sogar noch die weniger schlimmen und gefährlichen Versuchungen.

Ähnlich wie es unsere Vorsätze tun, gibt uns auch die Bibel Zielvorgaben weiter. Es sind Vorgaben, die uns keine Last sein sollen, sondern uns viel mehr eine gute Orientierung sein möchten. Wie würde unser Leben nämlich ohne eine gute Zielvorgabe aussehen? Würde es dann in unserem Leben chaotisch zugehen? Wenn wir tun und lassen würden, was wir wollen, dann wäre das für uns und unsere Mitmenschen nicht das Beste.

Im Philipperbrief steht nun, dass auch Gott etwas von uns will. Gott will, dass wir für die Liebe zu Gott und für die Liebe zu unseren Nächsten aufstehen sollen. Gott will nicht, dass sich die Lieblosigkeit in unserem Leben wie ein „Virus" ausbreitet. Gott will, dass wir die Liebe Gottes empfangen, mit der Gott uns seit Anfang an liebt. Diese uns geschenkte Liebe sollen wir dann aber auch an unsere Mitmenschen weitergeben. Eine ganz wichtige Aufgabe hat hierbei der Geist Gottes. Aber dieser Geist Gottes ist keineswegs eine Art „Gespenst", das in unserem Leben „herumgeistern" soll. Der Geist Gottes ist vielmehr die Kraft, die Gott in uns wohnen lassen will. Wer mit Gott verbunden ist, der ist auch mit dieser liebens- und lebensspendenden Kraft des Heiligen Geistes beschenkt.

Wir sehen an den gescheiterten menschlichen Vorsätzen und Anstrengungen, dass uns Menschen nicht alles möglich ist. Unsere Vorsätze halten nicht all zu lange und was wir wollen, besteht meist nur eine kurze Zeitspanne. Der Heilige Geist hingegen begeistert uns für eine Liebe, die nicht erlischt und er steht für die gegenwärtige Kraft und Macht der Liebe Gottes in unserer Welt. Diese Kraft wirkt in uns das bedingungslose Wollen des Guten und auch wenn unsere Liebe in der Welt immer wieder abgelehnt bzw. enttäuscht werden sollte, so stärkt Gottes Geist unseren Glauben und unser Vertrauen auf unseren Gott. Wer nämlich von Gottes Liebe getragen ist, weiß darum, dass sie gewiss in alle Ewigkeit hält. Gott hat uns darauf sein Wort und Versprechen gegeben. Die Bibel ist sein Liebesbrief an uns. Es ist Gott, der uns trotz unseren Fehlern und unserer Unvollkommenheit liebt bzw. annimmt.

Gottes Wunsch ist, dass wir uns durch seine Liebe und seinen Geist für seine Treue begeistert lassen, mit der wir beschenkt und getragen sind. Wir können uns deshalb getrost auf Gottes Liebe und Treue verlassen, denn sie ist gewiss da und hält uns selbst in den Stürmen unseres Lebens fest. Tiefer als in die liebenden Hände Gottes können wir nicht fallen!

So sind wir u.a. von dem folgenden Ausspruch aus dem Philipperbrief getragen: „Denn Gott ist's, der in euch wirkt beides, das Wollen und das Vollbringen, nach seinem Wohlgefallen“ (Phil 2,13). Diese Botschaft tut gut, weil ich das Ziel, das Gott mit mir verfolgt, nicht aus eigener Kraft erreichen muss. Ich darf vielmehr auf Gott vertrauen, der das Gute durch mich bewirken will und dann auch vollbringt. So hängt es nicht an meiner Leistungs- oder an meiner Willenskraft, sondern an der Macht der Liebe Gottes, die durch Gottes Geist in uns gegenwärtig ist. Gottes Geist wirkt in uns das Wollen und das Vollbringen des Guten. Wenn wir von Gottes Geist bewegt sind, so sind wir Werkzeuge der Liebe Gottes in einer Welt, die eine Liebe braucht, die Bestand hat und nicht zerbricht.

4. **Der Sieg des Lebens über den Tod!** – *„Gott, der die Toten lebendig macht und ruft das, was nicht ist, dass es sei“ (Röm 4,17b)*

Wenn ein geliebter Mensch stirbt, bricht eine wichtige Beziehung ab. Auf einmal steht man als Hinterbliebener vor einem Scherbenhaufen oder gar vor dem Nichts. Dabei kann aber hilfreich sein, wenn man zumindest die gemeinsamen schönen Erfahrungen und Erlebnisse mit einem nun verstorbenen Menschen bewahren kann. Diese schönen Erfahrungen und erfreulichen Erlebnisse sind das, was den Tod auf jeden Fall überdauern kann. Dennoch bleibt ein solcher Abschied zutiefst schmerzhaft. Der Verlust eines geliebten Menschen ist für viele ein so großer

Einschnitt, dass sie als Hinterbliebene den Boden vollkommen unter den Füßen weggezogen bekommen und spüren, dass auch in ihnen etwas gestorben ist. Durch einen solchen schweren Verlust und eine so endgültige Trennung erfährt man, dass der Tod nicht am Ende des Lebens steht, sondern der Tod ist immer schon um uns herum. Unsere Welt ist sterblich und nichts was lebt, bleibt hier auf Erden ewig leben. Alles Lebende lebt seine Zeit und stirbt zu seiner Zeit.

Aber noch schlimmer wäre es, wenn diese Gegebenheit in unserer Welt wirklich das letzte Wort hätte und am Ende unseres Lebens dann das pure Nichts und der endgültige Tod stehen würden. Wenn das so wäre, dann hätten wir wirklich nichts zu hoffen und zu glauben. Wenn es kein Leben nach dem Tod gibt, dann ist der Tod der ewige Sieger und unser Leben endet in der Sinnlosigkeit des Nichts. Das Leben, die Liebe und alle schönen Erfahrungen in einem Menschenleben wären somit verloren. Aber Ich persönlich bin froh, dass ich für mich eine Hoffnung gefunden habe, die mir bisher durch diese Verlustsituationen hindurchgeholfen hat. Auch bei anderen Menschen konnte ich erfahren, wie wertvoll das Vertrauen auf den einen Gott ist, der unser Leben an ein seliges Ende führen kann. Nämlich das selige Ende in seinem ewigen Friedensreich.

In unserem Leben erfahren wir aber, dass es nur wenig Frieden gibt und auch die Freude nur eine kurze Zeit hält. Wir Menschen sind in unserem Leben unterwegs und suchen nach beständigem Glück und anhaltendem Frieden. An dieser lebenslangen Suche nach Glück und Frieden kann man zerbrechen. Schön ist, wenn man Glück gefunden hat, aber wie schmerzhaft ist es, wenn man das Glück wieder verliert. Genauso kann man sich darüber freuen, wenn man einen guten Menschen gefunden hat, aber wie unglücklich ist man, wenn man eben diesen geliebten Menschen verliert oder schlussendlich in den Tod gehen lassen muss. Wir können den Tod nicht aufhalten. Ärzte können ihn höchstens eine gewisse Zeit hinauszögern, aber schlussendlich wird de Tod über unser irdisches Leben und auch über das irdische Leben der Menschen, die wir lieben, siegen.

Über uns hat der Tod also die schlussendliche Macht und den Sieg. Wir können ihn nicht verhindern oder vollkommen aufhalten. Aber unsere Hoffnung ist, dass wir einen Gott haben, der selbst im Tod noch Leben schenkt. Unsere Hoffnung heißt Jesus Christus, denn in ihm kam Gott in unsere sterbliche und vergängliche Welt. Gott wird in Jesus Christus ein sterblicher Mensch wie wir und geht für uns in die Einsamkeit des Todes. In Jesus Christus geht Gott durch das Sterben in den Tod, um uns in seiner Auferstehung am dritten Tag die Hoffnung auf ein ewiges Leben weiterzugeben. In der Auferstehung Jesu dürfen wir deshalb erfahren, dass das Leben vom Tod auferstanden ist. Das ewige Leben hat über den Tod gesiegt. Demnach ist es uns aus unseren Möglichkeiten nicht zu bewerkstelligen, dass wir über den Tod siegen, aber wir können auf unseren Gott vertrauen, der den Tod für uns überwunden und besiegt hat. Dazu steht dann passend im Römerbrief: „ Gott, der die Toten lebendig macht und ruft das, was nicht ist, dass es sei" (Röm 4,17b). Wer demnach Hoffnung sucht, der wird bei Gott fündig, weil Gott in der Einsamkeit und dem Nichts des Todes das ewige Leben schenkt. Gott selbst holt die Gläubigen im Tod ab und bringt sie in seine ewige Welt des Friedens und der Freude!

5. **Geschenkte Zukunft!** – *„Ob wir nun leben oder sterben, so gehören wir dem Herrn" (Röm 14,8b)*

Spannend und interessant ist die Zukunftsforschung und innerhalb dieser Forschungsrichtung gibt es verschiedene Zweige. Manche Zukunftsforscher fragen sich, wie es mit der Wirtschaft weiter geht und wieder andere Forscher fragen danach, wie sich die Technik oder das Zusammenleben der Menschen in der Zukunft verändern könnte. Aber alle Gedanken, die sich diese Zukunftsforscher über das Zukünftige machen, müssen keineswegs zutreffen, denn für uns Menschen ist es schon schwer genug, wenn wir allein unsere Vergangenheit mehr verstehen wollen, obwohl wir vom Vergangenen viel mehr historische Quellen und Belege haben als über unsere Zukunft. Dennoch ist die Beschäftigung mit der Zukunft etwas, was uns Menschen zutiefst interessiert. Wir Menschen wollen das wissen, was wir noch nicht wissen. Wir wissen nämlich, dass wir von dem Zukünftigen abhängig sein werden. Genau in diesem ausgiebigen Nachdenken über die Zukunft und über uns selbst unterscheiden wir uns dann aber auch von jedem anderen Lebewesen auf unserem Planeten.

Die Gedanken, die wir uns über das Kommende in der Zukunft machen, sind vielfältig und unterschiedlich. Manche denken, dass es nicht mehr schlimmer kommen kann und wieder andere hoffen darauf, dass das aktuelle Glück und die gerade andauernde Freude am Leben bestehen bleiben. Wie wir auf die Zukunft sehen, hängt ganz entschieden von unserem Standpunkt ab. Ein möglicher Standpunkt ist aber auch die christliche Hoffnung auf die Zukunft Gottes. Christen hoffen nämlich darauf, dass es eine Zukunft gibt, die unsere Welt übersteigt. Selbst wenn unsere Welt nicht mehr besteht oder zumindest unser irdisches Leben im Tod ein Ende findet, dann glauben Christen an eine Welt und an eine Zukunft Gottes, die das bringt, was die Welt uns nicht geben kann.

Ein Christ vertraut darauf, dass in Gottes Welt und in Gottes Zukunft alles vollkommen und gut sein wird. Er weiß aber zugleich, dass er über diese Zukunft keine genauen Angaben hat. Wir können also nur sehr wenige Aussagen über Gottes zukünftige Welt machen, dennoch ist die christliche Hoffnung im Glaubensleben da und gegenwärtig. Diese Hoffnung ist in dieser Welt, weil sie uns durch die Auferstehung Jesu geschenkt ist. In dieser Auferstehung von Jesus Christus hat sich gezeigt, dass es sich lohnt, wenn wir Menschen über die Zukunft nachdenken und mehr als den Tod als Ende des irdischen Lebens sehen lernen. Wer offen für Gottes Zukunft ist, der kann in der Auferstehung Jesu eine Hoffnung finden, die in unserem Leben viel bewirken kann. Die Begeisterung für diese Hoffnung ist dem einzelnen Christen aber durch Gott geschenkt. Gott bewirkt es, dass der Mensch mehr als die Endlichkeit und die Schatten des Lebens in dieser unvollkommenen Welt erkennen kann.

Diese von Gott geschenkte Hoffnung hat Paulus im Römerbrief folgendermaßen in Worte gekleidet: „Ob wir nun leben oder sterben, so gehören wir dem Herrn" (Röm 14,8b). Wir sind als Christen Kinder der Zukunft und hoffen auf diese vollkommene Zukunft Gottes, die das uneingeschränkt Gute, was uns die Welt nicht geben kann, verspricht und eines Tages schenkt.

6. **Leben ohne Gott!** – *„Was aber nicht aus dem Glauben kommt, das ist Sünde" (Röm 14,23)*

Ein Bogenschütze möchte immer wieder ins Schwarze treffen. Aber es gibt keinen Bogenschützen, der immer die Mitte trifft. Egal wie genau er zielt, denn der Bogenschütze kann nicht immer zielsicher sein. So ähnlich ist es auch mit uns in unserem alltäglichen Leben, denn wir versuchen in unserem Leben ebenfalls immer wieder in die „goldene Mitte" zu treffen. Dennoch gelingt es uns nur selten, dass wir unsere gesteckten Ziele und Vorsätze erreichen. Die Bibel verwendet hierbei den Begriff der „Sünde", der dafür steht, wenn ein Mensch in seinem Leben am guten Ziel vorbeischießt, also wenn er die Liebe zu Gott und zu den Mitmenschen aus seinem Blick verloren hat.

Doch eben dieser Begriff der Sünde wurde zumeist sehr moralisch gedeutet. Sünde ist nach dieser moralischen Auslegung das, was ein Mensch an bösen Gedanken denkt und was ein Mensch an bösen Taten wirkt. Aber wenn man auf das schaut, was Paulus im Römerbrief über die Sünde schreibt, dann kann man mehr von der Sünde und ihrer grundlegenden Bedeutung erkennen und lernen. So schreibt Paulus im Römerbrief über die Sünde: „Was aber nicht aus dem Glauben kommt, das ist Sünde" (Röm 14,23). Für viele ist diese Deutung der Sünde als Unglauben sicher unverständlicher als die herkömmliche moralische Auslegung. Paulus geht es in der vorliegenden Textstelle im Römerbrief um den Kern der Sünde. Das fehlerhafte und böse Verhalten der Menschen ist das Ergebnis der Sünde, aber nicht ihr Zentrum oder ihr Kern. Der Ausgangspunkt der Sünde ist, wenn der Mensch sich selbst erhebt und wenn der einzelne Mensch denkt, tun und lassen zu können, was er will. Wenn der einzelne Mensch selbstüberheblich ist und zu sehr an sich selbst denkt, dann verliert er den freien Blick auf den Mitmenschen und auch auf Gott. Die Sünde hat also ihren Kern in der Selbstbezogenheit, dem Egoismus und der „Ich"-Bezogenheit des Menschen. Die Sünde hat dort ihr Zentrum, wo der Mensch an sein eigenes „Ich" denkt, aber nicht auf das „Du" oder auf das „Wir" blickt, das ihn umgibt.

Der Sünde und dem Unglauben gegenüber steht der Glaube, denn das Vertrauen in Gott und die Hochachtung vor dem Mitmenschen, der ja genauso von Gott geliebt ist, kann unseren Blick erneut für unsere Umwelt weiten. Wenn der Mensch aber auf sich selbst vertraut, dann wird er erkennen müssen, dass er nicht vollkommen und gut ist. Der Mensch wird auch erfahren, dass sein Leben im Tod ein endgültiges Ende hat. Es ist demnach Sünde, wenn der Mensch vergisst, dass er von Gott und seinen Mitmenschen abhängig ist, denn keiner kann sein Leben allein meistern, denn wir Menschen brauchen unsere Mitmenschen, aber wir brauchen auch Gott, denn nur er kann unserem Leben in seinem Reich bzw. in seiner neuen Welt Ewigkeit und Herrlichkeit verleihen. Paulus hat dazu geschrieben, dass der „Lohn der Sünde der Tod ist“ (Röm 6,23). Der Mensch, der nämlich nur für sich lebt, dem entgeht das ewige Leben. Wir müssen offen sein und auf Gott vertrauen, denn das alleinige Vertrauen in uns würde uns dazu führen, dass wir an unserer menschlichen Schwachheit und unserer Sterblichkeit/Endlichkeit verzweifeln.

Der Mensch ist zwar die Krone der Schöpfung, aber Gott der Schöpfer ist es, der dem Menschen diese Krone verliehen hat. Deshalb soll der Mensch Gott für das Leben danken, das ihm geschenkt ist. Er soll aber auch das Leben seiner Mitmenschen ehren und soll dem allein vollkommen guten Gott vertrauen. Gott allein kann das, was uns unmöglich ist, möglich machen. Denn dem, der auf Gott vertraut, sind alle Dinge möglich (vgl. Mt 19,26). Wer auf Gott vertraut, findet Hoffnung und Zuversicht in der Verzweiflung an seinen eigenen beschränkten Möglichkeiten und in der Ausweglosigkeit des eigenen Sterbens/Todes!

7. **Gebote als gute Richtschnur!** – *„So ist das Gesetz heilig und das Gebot heilig, gerecht und gut“ (Röm 7,12)*

Wer kennt nicht von den Eltern die Aussage: „Du sollst nicht….; Du darfst nicht…!“ Gerade weil uns diese Verbote und Ermahnungen so oft negativ in den Ohren liegen, schrecken uns u.a. auch die „Zehn Gebote“ der Bibel ab, denn dort heißt es ebenfalls: „Du sollst nicht…!“ Es wird uns also schwer gemacht, dass wir uns näher mit den Zehn Geboten befassen. Dennoch wäre es sehr lohnenswert, wenn man den Wunsch danach hätte, den Mehrwert hinter den Verboten der „Zehn Gebote“ erkennen zu wollen. Ich bin dabei meinen Eltern dankbar, denn sie haben mir immer wieder eindringlich gesagt, was gut und was weniger gut ist. Wenn die Aussage „du sollst nicht“ kein reines strenges Gebot ist, sondern von Herzen kommt und das Wohl eines Menschen im Blick hat, dann kann man sich vielleicht viel eher auf das

Gebotene einlassen. Nur der, der sich auf das Gebotene einlässt und den Sinn dahinter verstehen möchte, kann womöglich erkennen, dass Gebote eine gute Richtschnur für unser Leben sein können.

Aber auch Paulus war davon überzeigt, dass die Gesetze und Gebote für die Menschen da sind. Die Gebote Gottes sind nämlich flehende und leidenschaftliche Bitten von Gott an uns Menschen. Es verwundert deshalb nicht, dass diese Gebote in den Zehn Geboten als ausdrückliche Verbote formuliert sind, denn hier kommt das zum Ausdruck, was nicht sein soll, damit niemand verletzt wird. Gott will ein gutes Miteinander und kein Gegeneinander, unter dem schlussendlich alle leiden. Deshalb schreibt Paulus über das von Gott Gebotene: „So ist das Gesetz heilig und das Gebot heilig, gerecht und gut" (Röm 7,12). Paulus drückt mit dieser Aussage seine tiefe Überzeugung darüber aus, dass Gott nur das gebietet, was wirklich gut für unser Leben ist. Und das Wichtigste im Leben ist, dass wir Menschen an der Liebe untereinander festhalten. Es verwundert daher nicht, dass Jesus die Zehn Gebote im Doppelgebot der Liebe zusammenfasst. Wir Menschen sollen nach dem Liebesgebot von Jesus Christus Gott ehren und lieben, aber auch unseren Mitmenschen mit der Liebe begegnen, mit der wir auch uns selbst lieben dürfen. So sinnvoll dieses Doppelgebot der Liebe ist, so schwer ist es, diesem Gebot in allen Lebenslagen zu folgen. Es ist sogar unmöglich für uns Menschen, dass in unserem Leben allein die Liebe zu Gott und zu unseren Mitmenschen sichtbar wird.

Die Quelle der grenzenlosen Liebe findet sich allein bei Gott, der uns in seiner bedingungslosen Liebe entgegenkommt. Wo Menschen in Lieblosigkeit und Selbstsucht gefangen sind, da ist es Gott, der uns in Jesus Christus in seiner uneingeschränkten Liebe nahekommt. Wir alle haben die wahre Liebe nötig, denn jedes Menschenleben hat einen Durst und ein Verlangen nach einer Liebe, die bestehen bleibt. Wo Beziehungen und Ehen scheitern, aber auch Freundschaften zerbrechen, da wird einem schmerzlich bewusst, dass die Liebe abhanden kommen kann. Wir haben in Beziehungen nicht alles in der Hand, aber wir dürfen unser Vertrauen auf den setzen, der uns zugesagt hat, dass er zu seinem ewig gültigen Wort und Versprechen steht. Im Gegensatz zu Gottes Wort und seiner bedingungslosen Liebe sehen unsere Versuche, Gott und unsere Mitmenschen in Liebe zu begegnen, dürftig aus. Dennoch ist die menschliche Liebe, möge sie auch zerbrechlicher und schwächer als Gottes Liebe sein, sehr wertvoll und wichtig. Wird sie auch enttäuscht und zurückgewiesen, so lohnt sich dennoch jeder Einsatz für die Liebe.

Jesus Christus ging sogar so weit, dass auch die Liebe zum Feind oder zu noch ungeliebten Menschen geboten ist. Die Liebe zu geliebten Menschen versteht sich nämlich von selbst, aber wenn man auch noch den ungeliebten Menschen mit Versöhnung und Liebe begegnen soll, dann ist das für uns schwache Menschen nahezu unmöglich. Trotzdem gehört zur Liebe Gottes dazu, dass sie auch denen gilt, die von Gott distanziert und getrennt leben.

Es stellt sich aber die Frage, was man benötigt, um im Licht einer solchen Liebe zu leben? Für das Leben in der wahren Liebe braucht es zunächst eine Offenheit für die Liebe, die einem von Gott, aber auch immer wieder von den Mitmenschen geschenkt wird. Dazu gehören auch Gebote und Verbote, die von Herzen kommen. Als Mensch soll man sich mit den Geboten auseinandersetzen, sie durchdringen und verstehen wollen. Wer dann von der Richtigkeit und dem Wert eines Gesetzes überzeugt ist, dem wird das Festhalten an den einzelnen Gesetzen leichter fallen.

Die Gebote Gottes sollen also verinnerlicht werden und es ist Gottes Liebe, die es uns dann ermöglicht, mehr als nur die strengen und engen Grenzen von den Geboten der Bibel zu erblicken. Gottes Liebe öffnet unsere Augen für den hohen Wert und die Heiligkeit dessen, was Gott geboten hat. Und schlussendlich will es Gott selbst sein, der in uns das Wollen und das Vollbringen der Werke und der Taten der Liebe bewirkt. Gott will es in uns anstoßen, damit wir immer wieder richtig und gut handeln. Dennoch werden wir Menschen auch mit Gott an unserer Seite viel zu oft die Liebe aus dem Blick verlieren und hartherzig handeln. Das Wichtigste ist aber, dass wir uns wieder zu Gott und seiner Liebe wenden, denn seine Liebe kann in unserem Leben wirklich weite Kreise ziehen (vgl. das Lied: ,,Ins Wasser fällt ein Stein").

8. **Die Gabe der Versöhnung!** – *,,Denn Gott war in Christus und versöhnte die Welt mit sich selber und rechnete ihnen ihre Sünden nicht zu und hat unter uns aufgerichtet das Wort von der Versöhnung" (2. Kor 5,19)*

Wer macht den ersten Schritt? Wir Menschen tun uns schwer, den ersten Schritt auf unsere Mitmenschen zuzugehen. Vor allem, wenn es darum geht, sich mit einem Mitmenschen zu versöhnen. Wenn man aber selbst an einem Mitmenschen schuldig geworden ist, dann wäre man natürlich froh, wenn der andere von der Unversöhntheit ablässt und sich der Versöhnung öffnet. Aber jede Versöhnung ist ein Geschenk, weil sie von zwei Seiten getragen und bestätigt werden muss. Wir Menschen und auch Gott besitzen nämlich die Freiheit auf andere zuzugehen oder aber uns von ihnen abzuwenden. Auch Gott wäre es möglich, dass er sich von uns Menschen abwendet und uns im Stich lässt. Dennoch denkt Gott an uns und will die Versöhnung mit uns. Er setzt alles, was er besitzt, für uns ein und wurde dann in Jesus Christus Mensch, um uns auf Augenhöhe und in Nähe zu begegnen.

Es ist ein Geschenk, dass Gott sich in Jesus Christus zu uns stellt und darin verbirgt sich ein tiefes Geheimnis, denn alles was uns von Gott trennt (nämlich die Ichbezogenheit und Selbstsucht) verliert auf einmal an Bedeutung. Der tiefe Graben, den wir Menschen zwischen uns und Gott gezogen haben, wird von Gott überschritten. Gott macht den ersten Schritt auf uns zu und er ruft die Frohe

Botschaft und das Wort der Versöhnung über uns aus. Nicht das, was uns von Gott trennt (das also, was die Bibel Sünde nennt), zählt, sondern viel wichtiger ist das, was uns eint. Es ist ein Geheimnis, warum Gott sich bei all den Gräueln der Menschheitsgeschichte so an die Menschen bindet. Er will und kann die Menschen wegen seiner grenzenlosen Menschenliebe nicht loslassen. Jeder, der leidet, weil seine Liebe nicht erwidert wird, kann womöglich zu einem Teil verstehen, wie es Gott gehen mag. Gott leidet mit denen, die zerbrochenen und zerschlagenen Herzens sind und Gott leidet mit denen, die unter Menschen leiden und von ihnen enttäuscht werden. Gott ist mitten im Leid der Welt, weil die Liebe nicht die einfachen Wege geht. Die Liebe geht genau dahin, wo Unversöhntheit und Streit herrschen. Die Liebe will Versöhnung und Frieden, weil wahre Liebe erst Ruhe findet, wenn eine Lösung gefunden und Streitigkeiten beendet sind.

Die Liebe, die Gott zu uns hat, ist das, was Gott zu uns führt. Sie ist auch das, was die Leidenschaft Gottes begründet. Gott leidet mit uns, weil er uns liebt. Er zwingt uns nicht dazu, ihn zu ehren und ihn zu lieben. Aber Gott unternimmt alles, damit wir ihn lieben können. Gott ist die wahre Liebe und wer Gott verstehen will, der muss Gottes Liebe ergründen wollen. Dennoch werden unsere vielen Gedanken, mit denen wir über die wahre Liebe Gottes nachdenken, das Geheimnis und die Tiefe dieser göttlichen Liebe nicht ganz verstehen können.

Trotzdem steht fest, dass Gott uns wirklich liebt und sich ganz entschieden mit uns versöhnen will. Paulus hat über Gott, der sich uns zuwendet, geschrieben: „Denn Gott war in Christus und versöhnte die Welt mit sich selber und rechnete ihnen ihre Sünden nicht zu und hat unter uns aufgerichtet das Wort von der Versöhnung“ (2. Kor 5,19). Damit schreibt Paulus von dem Schritt Gottes, mit dem er uns ein für alle Mal entgegengegangen ist. Gott geht keinen Schritt zurück. Gott bleibt stehen und ist durch seinen Geist ganz nahe bei uns, um auch in unseren Herzen seine große Liebe auszugießen und wachzuhalten. Aber warum das alles? Warum leidet Gott so sehr mit uns Menschen? Die Antwort ist: Gott kann nicht anders, denn seine Liebe uns gegenüber drängt ihn dazu und Gott ist leidenschaftlich, weil er uns bedingungslos liebt!

9. **Ich bin getauft!** – *„So sind wir ja mit ihm begraben durch die Taufe in den Tod, damit, wie Christus auferweckt ist von den Toten durch die Herrlichkeit des Vaters, auch wir in einem neuen Leben wandeln" (Röm 6,4)*

Für Martin Luther war die Gewissheit, dass er getauft ist, etwas zutiefst befreiendes. Immer wieder hatte Martin Luther mit sich selbst zu kämpfen. Er wollte vor Gott jemand werden und es Gott recht machen. Aber im Versuch vollkommen zu werden, ist Martin Luther grundlegend gescheitert. Er hatte alles versucht, hat unermüdlich gebetet, hat gefastet, hat die Bibel von vorne nach hinten gelesen, aber es war dann allein die Gewissheit der eigenen Taufe, die ihn in seiner Verzweiflung gehalten hat.

Für uns ist es nicht mehr ganz nachvollziehbar, welche inneren Kämpfe Martin Luther damals geführt hat. Martin Luther wollte Gott gefallen, hat aber immer wieder erkennen müssen, wie unvollkommen er selbst ist. Dennoch kennen wir das in ähnlicher Weise auch aus unserem Leben, denn uns gelingt oftmals auch nur wenig und dann sind wir ebenso wie Martin Luther deprimiert über das, was uns erneut nicht gelungen ist. Wie wichtig kann da auch für uns die Gewissheit sein, dass Gottes Liebe uns hält, obwohl wir in unserem Leben immer wieder scheitern.

Martin Luther hat in den schweren Stunden sagen können: „Ich bin getauft". Vielleicht sind auch Sie getauft und dürfen das sagen. Aber eine wirkliche Gewissheit gibt die Taufe im Denken nur, wenn man zum Teil nachvollzogen hat, wofür sie steht. Paulus hat im Römerbrief über die Taufe geschrieben: „ So sind wir ja mit ihm begraben durch die Taufe in den Tod, damit, wie Christus auferweckt ist von den

Toten durch die Herrlichkeit des Vaters, auch wir in einem neuen Leben wandeln" (Röm 6,4). In der Taufe fällt alles zusammen. Paulus schreibt im Römerbrief an dieser Stelle davon, dass die Getauften mit Jesus Christus verbunden sind und dass sie in ihrer Taufe mit einem neuen und beständigen Leben beschenkt wurden. In der Taufe steckt sozusagen alles verborgen, was Gott uns schenkt und in der Aussage: „Ich bin getauft", bringt Martin Luther zum Ausdruck, dass er gewiss ist, dass trotz seinen Fehlern, seinem Scheitern oder seiner Schwachheit Gottes Liebe bei ihm ist und bei ihm bleibt.

Die Taufe ist ein einmaliges Ereignis und sie hat für alle Ewigkeit Bestand. In der Taufe sagt Gott „Ja" zum Täufling und gibt ihm das, wofür er in Jesus Christus in den Tod gegangen ist. Jesus Christus ist in den Tod gegangen, um die Dunkelheit der Welt zu durchbrechen und uns Menschen mit dem ewigen Leben bei Gott zu verbinden. Die Taufe verbindet uns mit einem nicht endenden Leben und verknüpft uns auch mit der göttlichen Zusage der Vergebung. Gott will uns vergeben und hat uns in der Taufe beschenkt. Im Glauben dürfen wir das Geschenk der Taufe annehmen und in der Gewissheit leben, dass uns weder das Scheitern in der Welt oder gar der Tod vom ewigen Leben bei Gott trennen kann. Die Taufe verbindet den Getauften mit Gott und im Glauben darf der Täufling aus dieser Verbindung und Beziehung zu Gott getrost und gestärkt durchs Leben gehen!

10. **Ich sitze an Gottes Tisch!** – *„Siehe, ich stehe vor der Tür und klopfe an. Wenn jemand meine Stimme hören wird und die Tür auftun, zu dem werde ich hineingehen und das Abendmahl mit ihm halten und er mit mir" (Offb 3,20)*

Die Reformation hat sich vor allem auf die Sakramente bezogen, die Jesus Christus seinen Jüngern anvertraut hat. Das eine der beiden Sakramente – nämlich die Taufe - wurde im letzten Abschnitt in den Blick genommen, aber die Betrachtung des zweiten Sakraments steht noch aus. Es fehlt noch das Sakrament des Abendmahls. Das Abendmahl erinnert an die Tischgemeinschaft zur Feier des Passahmals, die Jesus mit seinen Jüngern in Jerusalem hatte. Aber das Abendmahl, wie wir es feiern, erinnert uns auch an das Mahl, das Jesus mit den Jüngern nach seiner Auferstehung gefeiert hat.

Das Abendmahl vor der Gefangennahme Jesu in Jerusalem sollte die Jünger auf die schwere Zeit der Leiden ihres Herrn Jesus Christus vorbereiten. Jesus schließt mit den Jüngern in diesem Abendmahl einen Bund, der ewig Bestand haben soll. Jesus spricht davon, dass er seinen ganzen Leib, also alles was er ist und hat, für seine Jünger hingibt und sein Blut soll dabei ein Zeichen für den ewigen Bund sein, in dem Gott mit den Menschen Frieden schließt und ihnen ihre Schuld vergibt. So wie Gott Mose kurz vor dem Eintreten der letzten Plage in Ägypten aufgetragen hat, Blut an die Türpfosten der Häuser der Israeliten zu streichen, so ist auch im Abendmahl das Blut das Zeichen für die Verschonung.

Das Abendmahl steht somit für den Bund, den Gott ganz direkt in Jesus Christus mit den Menschen geschlossen hat. Die 12 Jünger stehen dabei für ganz Israel. Jeder der Stämme soll am Tisch Gottes sitzen und in einer versöhnten Beziehung mit Gott leben. So ist das Abendmahl, wie auch die Taufe, der Grund für unser Leben im

Einklang und in der Versöhnung mit Gott, weil Gott es ist, der uns an seinem Tisch haben will.

Aber weil Jesus auch als Auferstandener das Abendmahl mit seinen Jüngern gefeiert hat, steht es des Weiteren für die Zukunft Gottes, in der ein großes Festmahl mit allen Menschen gefeiert und kein Kummer die Festgemeinde bedrücken wird (vgl. Jesaja 25,6ff). So steht jede Mahlfeier im Gedenken an Jesus nach der Auferstehung Jesu für den Sieg des Lebens über den Tod.

Deshalb kennt unsere Tradition von der Feier des Abendmahls zwei Seiten. Auf der einen Seite ist das Abendmahl der Zuspruch von Gottes Gegenwart an uns, die wir in unserem Leben unter der Schwere der Welt und an unserem immer wieder vorkommenden Versagen leiden, aber auf der anderen Seite steht das Abendmahl auch für das Vertrauen in Gott, dem zugetraut werden soll, dass er schlussendlich das Schwere in der Welt vergehen lässt. Wer also zu Gott an seinen Tisch kommt, darf sich daran erinnern lassen, dass Gott ewig bei uns sein will.

Am Tisch Gottes soll alles an Hoffnungslosigkeit und Unversöhntheit ausgeräumt werden. Im Abendmahl geht es demnach um die Versöhnung, die Gott uns schenkt, aber auch um die Versöhnung, die wir weitergeben sollen. Jeder soll mit Gott versöhnt werden und deswegen ruft Gott jeden Menschen an seinen Tisch. In der Offenbarung des Johannes, dem letzten Buch des Neuen Testaments und der Bibel, steht über das Abendmahl und den göttlichen Ruf der Einladung zum Abendmahl: „Siehe, ich stehe vor der Tür und klopfe an. Wenn jemand meine Stimme hören wird und die Tür auftun, zu dem werde ich hineingehen und das Abendmahl mit ihm halten und er mit mir“ (Offb 3,20). Gott steht vor der Tür und möchte in unser Leben treten, um mit uns das Abendmahl zu feiern. Wenn wir demnach Gott in unser Leben lassen, dann haben wir Grund zum feiern, denn mit Gott kann auch in unser Leben die Gewissheit und die Hoffnung auf das ewige Leben nach dem Tod einziehen. Wer sein Herz weit macht und an Gottes Tisch sitzt, erfährt, dass uns im

Vertrauen auf Gottes Versöhnung in Jesus Christus nichts mehr von Gott und vom ewigen Leben in Gottes Reich des Friedens und der Freude trennt.

In der Welt herrscht zwar noch das Schwere und Dunkle, aber eines Tages in Gottes neuer Welt wird nur noch das Helle und Schöne der Welt Gottes um uns sein. Im Abendmahl dürfen wir uns darüber freuen, was Gott uns geschenkt hat und was wir eines Tages auch sehen dürfen. Jetzt vertrauen wir darauf, aber eines Tages wird es sichtbar sein. Auf jeden Fall sind wir schon heute an Gottes Tisch eingeladen, um mit ihm den Sieg über das Schwere in unserer Welt und den Sieg des Lebens über den Tod zu feiern.

11. **Ich habe meine Aufgabe!** – *„Der Leib ist nicht "ein" Glied, sondern viele“ (1. Kor 12,14)*

Wer ein großes Unternehmen leitet, der weiß, wie viele verschiedene Arbeitskräfte man benötigt, damit das Große und Ganze funktionieren kann. Man braucht dabei wirklich jeden. Jedoch ist es trotz allem so, dass die verschiedenen Aufgaben in einer Firma ganz unterschiedlich entlohnt werden. Die Putzfrauen sind für das Unternehmen unverzichtbar, verdienen aber dennoch beträchtlich weniger als zum Beispiel die, die ein Produkt entwerfen, herstellen oder an den Kunden bringen. Bei Gott ist es mit dem Lohn etwas anders. Bei Gott ist jedem der gleiche Lohn garantiert. Im Vertrauen auf und im Glauben an Christus steht uns die Tür zum Himmel offen. Selbst wenn wir an unseren Aufgaben hier auf Erden immer wieder schwer zu tragen haben, dürfen wir darauf vertrauen, dass auch über unserem Leben die Befreiung steht. Es kann uns demnach in der Welt noch so viel einengen und niederdrücken, trotzdem haben wir Hoffnung darauf, dass uns die Schwere des Lebens nicht auf ewig gefangen nehmen kann. Im Vertrauen auf Gott sind wir frei und dürfen mehr sehen als das Labyrinth unseres Lebens. Gott ist die Lösung für unser zum Teil verzwicktes und rätselhaftes Leben. Selbst wenn uns das Leben vollkommen sinnlos erscheint, dürfen wir Gott vertrauen, dass er in der äußersten Rätselhaftigkeit der Welt Sinn stiften kann. Es kann noch so viel verlorengehen, dennoch hat unser Leben einen nachhaltigen Sinn, weil unser Leben von Gott bewahrt ist und durch ihn nachhaltigen Bestand hat.

Mit diesem Lohn ist jeder Christ beschenkt, obwohl wir als Christen ganz unterschiedliche Aufgaben in der Welt erfüllen. Manche reden gerne über ihre Glaubensüberzeugungen, wieder anderen packen mit ihren helfenden Händen an und manche können sich hervorragend in deprimierte und geschundene Menschen hineinversetzen und ihnen Möglichkeiten aufzeigen, damit sie mit ihrem Leben wieder klar kommen. Verkündigung, Diakonie, Seelsorge und viele weitere Aufgaben gibt es unter Christen und viele übernehmen dabei gleich mehre Aufgaben und wissen es zum Teil noch nicht einmal. Aber diese Aufgaben sind uns nicht aufgezwungen, denn viel mehr ist es Gottes Liebe, die in uns eine Kraft aufrichtet, die dann in unsere Umwelt hinausstrahlen darf.

Als Christen sind wir Zeugen und Überbringer der Frohen Botschaft von Jesus Christus. Wir stehen in dieser Welt, in der es Gottlosigkeit, Lieblosigkeit, Sorgen und Ängste gibt und wir wissen darum, dass Gott und sein Friedensreich dennoch mit uns sind. Was wäre die Welt, wenn nicht die von Gott geschenkte Hoffnung und Liebe mit uns wäre? Was wäre die Welt, wenn man als Mensch allein für diese Hoffnung und diese Liebe eintreten müsste? Die Welt wäre trostlos, wenn es niemanden geben würde, der die wahre Liebe spenden und dadurch die Trostlosen trösten könnte. Wenn Gott Menschen tröstet, dann hilft er den Niedergeschlagenen dabei, dass sie dem zum Teil schweren Leben und Alltag in der Kraft ihres Gottvertrauens trotzen können. Darüber hinaus dürfen Christen darauf vertrauen, dass Gott dann immer wieder neu Mitarbeiter aussendet, damit die Traurigen und

Geschundenen wirklich Trost erfahren können. Als Christ ist man, auch wenn man sich manchmal so vorkommen mag, nicht allein. Es gibt viele, die mit einem an der Unvollkommenheit unserer Welt leiden und etwas dagegen tun möchten. Man muss nicht einmal Christ sein, um die Notwendigkeit erkennen zu können, dass wir Menschen vollkommen überfordert sind. Denn wir können nur zum Teil Frieden schaffen und unsere Welt zu einem besseren Ort machen. Aber allein Gott kann wahren Frieden schenken und am Kreuz hat Jesus diesen Friedensschluss zwischen ihm und uns besiegelt. Er hat zu Gott gerufen: „Vergib ihnen". Mögen wir die Vergebung, die Gott uns schenkt, annehmen und auch unseren Mitmenschen im Geist der Versöhnung und Vergebung begegnen!

Diese Aufgabe der Versöhnung hat jeder Mensch. Trotzdem hat jeder seine persönlichen Talente und Begabungen. Jede dieser Begabungen ist für das Große und Ganze gleich viel wert. Aber jedes Talent und jede Begabung, die die verschiedenen Mitarbeitern an Gottes besserer Welt besitzen, müssen vom Geist der wahren Liebe und der wahren Versöhnung angetrieben sein, damit bei den Bestrebungen schlussendlich das wirklich Gute herauskommen kann. Paulus schreibt dann über die Vielfalt der verschieden begabten Glieder, die es in der Mitarbeit für Gottes neue und bessere Welt gibt, folgende Worte: „Der Leib(, also alle Mitarbeiter an Gottes Idee einer besseren Welt,) ist nicht "ein" Glied, sondern viele" (1. Kor 12,14). Wichtig ist, dass jeder einzelne Teil (bzw. jedes Glied) darum weiß, dass er gebraucht und ganz viel wert ist. Denn jeder hat Gaben und Talente von Gott erhalten, die er für die Welt einsetzen darf!

12. **Christus und die Mitmenschlichkeit Gottes!** - *„Er ist das Ebenbild des unsichtbaren Gottes, der Erstgeborene vor aller Schöpfung" (Kol 1,15)*

Jeder Mensch hat seine Vorbilder, zu denen er aufschaut. Es ist sogar gut, wenn man von seinen Mitmenschen etwas lernen kann. Neben guten Vorbildern gibt es aber auch genügend Idole, an denen man sich lieber nicht uneingeschränkt ausrichten sollte. Zum Beispiel sind da Rockstars zu nennen, die zum Teil ganz unverschämt nach ihrem Motto „sex, drugs and rock'n'roll" leben und dadurch ihre Fans auf Abwege bringen können. Aber für manche sind die großen Stars und Sternchen unserer Zeit sogar Halbgötter oder sitzen für ihre Bewunderer schon gar auf Gottes Thron. Es ist gut, wenn man Vorbilder hat, aber man muss genau prüfen, welche Idole man sich auswählt. Wichtig ist aber auch, dass man neben den Stärken und Talenten eines solchen Idols im Blick behält, dass ein Vorbild dennoch ein Mensch mit Licht und Schatten bleibt. Es gibt in unserer Welt keine Stars, Sternchen, Idole und Vorbilder, die ohne Schattenseiten sind, denn Götter oder Halbgötter können sie keineswegs sein oder werden!

Doch was würden Sie über einen Menschen denken, der auftritt und ihnen ganz persönlich eine Lösung für ihre menschlichen Nöte und Fragen zuspricht? Sie würden ihn sicher für verrückt erklären, dennoch glauben Christen weltweit an einen Menschen, der eben diese Lösung gepredigt hat. Sein Name ist Jesus Christus und in der Geschichtsschreibung nach seiner eigenen Geburt gab es viele bedeutende Persönlichkeiten, die sich eben auf diesen Jesus Christus berufen haben und selbst zu Vorbildern geworden sind. Ein Martin Luther King, eine Mutter Theresa oder auch ein Dietrich Bonhoeffer. Sicherlich sind die aufgezählten Menschen Vorbilder, aber wichtiger als das, was Martin Luther King, Mutter Theresa und Dietrich Bonhoeffer geleistet haben, ist die Person, die sie auf diesen Weg der Mitmenschlichkeit geführt hat. Niemand geringeres als Jesus Christus hat wie kein anderer die Menschheitsgeschichte beeinflusst und geprägt. Deshalb ist es spannend, wenn man danach fragt, wer dieser Jesus Christus war und wofür er steht. Wer war also dieser Jesus Christus und was hat er gedacht und gewirkt?

Als Mensch wurde Jesus Christus in Betlehem geboren. Aus Betlehem stammte auch der große israelitische König David und bei den Propheten des Alten Testaments wurde vorhergesagt, dass aus dem Geschlecht Davids und aus Betlehem auch der neue König der Juden, der sogenannte Messias *(„der Gesalbe“ [gesalbt wurden damals: Könige, Priester und Propheten]),* kommen würde *(vgl. dazu im Anhang den Abschnitt zur „Messias“-Vorstellung im Beitrag über die „Themen der alttestamentlichen Prophetie“).* Die Bibel berichtet davon, dass seine Geburt mit vielen wunderbaren Begebenheiten verbunden war. Maria, die Mutter Jesu, wurde als Jungfrau – wie es ihr ein Engel Gottes angekündigt hatte – schwanger und wurde deshalb fast von ihrem Verlobten Josef verlassen. Nur das erneute Eingreifen eines Engels konnte Josef umstimmen. Jesus wuchs dann bei Maria und Josef in ärmlichen Verhältnissen auf. Es wird berichtet, dass Jesus schon in frühen Jahren die Nähe zur Synagoge suchte und dass er sich für die Botschaften des Alten Testaments interessierte.

Dennoch war Jesus zu dieser Zeit noch unbekannt. Seine Bekanntheit im Volk änderte sich erst mit der Taufe, die er durch Johannes den Täufer empfing. Jesus trat nun als der geliebte „Sohn Gottes“ auf und nannte sich „Menschensohn“. Er sah seine große Aufgabe darin, für die Armen, die Kranken und die Niedergeschlagenen da zu sein. Er kam in die Häuser der „Sünder“ und versammelte sich dort mit denen, die von der Mehrheit der Gesellschaft verachtet waren (u.a. Zöllner und Prostituierte). Er verstand sich als Arzt der Kranken, die sich nach Heilung sehnten. Wunder ereigneten sich in großer Zahl, denn viele Menschen, die an der Schwäche ihres Körpers, ihrer Seele und ihres Geistes litten, konnte Jesus heil machen und von ihren verschiedenen Leiden befreien.

Mit Jesus Christus war die Zeit Gottes angebrochen und das Reich Gottes war mitten unter den Menschen gegenwärtig. Aber es waren nicht alle begeistert und erfreut über die Worte und Taten Jesu. Ist es nämlich nicht Gott allein, der Krankheiten heilen, der Sünden vergeben und Tote auferwecken kann? Jesus tat diese Wunder und sprach davon, dass mit ihm Gottes Herrschaft gekommen sei. Er verstand sich als der „Stärkere“, den Johannes der Täufer angekündigt hatte. Johannes der Täufer, der der Wegbereiter Gottes war, sprach davon, dass man sich mit der Taufe und ihrer Bekehrung für die Ankunft Gottes bereit machen solle. Für Johannes den Täufer war klar, dass kein weiterer Prophet auftreten würde, denn er verstand sich als der letzte der Propheten und er war davon überzeugt, dass nach ihm Gott selbst das Zepter in die Hand nehmen würde. In diesem Selbstbewusstsein trat Jesus auf und seine Taten sprachen deutlich von seiner göttlichen Herkunft und seine Worte zeugten von Gottes Weisheit, die u.a. in der Bergpredigt und in den Gleichnissen Jesu ertönte.

Trotz seiner gewaltigen Taten und seiner weisen Reden waren es die Schriftgelehrten und die Gruppe der Pharisäer, die sich von Jesus Christus nicht „die Butter vom Brot nehmen lassen wollten“. Deshalb wollten sie, dass Jesus als religiöser Aufrührer angeklagt und getötet wird. Den letzten nötigen Stein des Anstoßes gab Jesus seinen Feinden wohl dadurch, dass er im Tempel die Geldwechseltische umstieß, den Abbruch des Tempels vorhersagte *(der Tempel in Jerusalem wurde dann wirklich 70 n.Chr. durch die Römer zerstört)* und damit den Tempelbetrieb grundlegend störte. Aber diese Seite von Jesus ist nicht jedem vertraut, denn meist hat man einen friedvollen Jesus vor Augen, der in den sogenannten „Jesuslatschen“ ganz sanftmütig den Anfeindungen begegnet, sie erduldet und über sich ergehen lässt. Gegen die Geldmacherei im Tempel ist Jesus dann aber ganz entschieden aufgetreten und trat für einen Tempel als Ort der Anbetung Gottes ein. Den damals gepflegten Verkauf von Opfertieren sah er hingegen als eine Abwertung des Tempels an. Im Tempel sollen nämlich Gott und seine Gnade zählen, aber nicht das Geld. Im Tempel sollen niedergeschlagene Menschen fündig werden, die Nöte haben, die mit Geld und Tieropfern nicht einfach gelöst werden können. Deshalb trat Jesus dem damals praktizierten Tempelbetrieb entgegen und stand für die Anliegen Gottes auf.

Dieses Engagement für Gott führte Jesus dann nach dem letzten Mahl, das er mit seinen Jüngern gefeiert hatte, ins Gefängnis und zum Verhör vor dem Ältestenkreis und vor dem damaligen Statthalten Pontius Pilatus. Auf Wunsch des Volkes, das von den Schriftgelehrten und Pharisäern gegen Jesus aufgebracht wurde, und unter der Gewährung der römischen Besatzer wurde Jesus auf grausame Art und Weise von den römischen Soldaten gedemütigt, ausgepeitscht und gekreuzigt. Im Vertrauen auf Gott und in der Liebe zu den Menschen ging Jesus Christus in den Tod. Selbst am Kreuz hängend bat er Gott um Vergebung für seine Henker und Feinde. Mit einem Schrei verstarb Jesus und zur selben Zeit zerriss der Vorhang im Tempel, der das profane Volk vom Allerheiligsten getrennt hatte.

Mit dem Tod Jesu steht den Menschen nun die uneingeschränkte Beziehung und Gemeinschaft mit Gott bereit. Für die Gemeinschaft der Menschen mit Gott und die Versöhnung Gottes mit den Menschen starb Jesus und gab sein Leben hin, damit wir Menschen Anteil am ewigen Leben mit Gott haben. Es ist dann aber die Auferstehung Jesu, in der sich der schlussendliche Sieg Gottes über alles, was die Menschen von Gott trennt, offenbart. Durch Jesus Christus sind die Menschen und Gott wieder verbunden und alles Trennende wurde dadurch weggeräumt.

Nachdem diese Ereignisse eingetreten waren und Jesus dann auch zum Himmel, also in den Bereich Gottes, aufgestiegen war, haben sich die ersten Christen viele Gedanken über das Geschehene gemacht. Es wurden die Berichte über die Taten und Worte Jesu mündlich überliefert und dann in den Evangelien aufgeschrieben. In der Auferstehung Jesu erkannten die ersten Christen die tiefe Bedeutung von dem, was Jesus für die Menschen bewirkt hat. Gott wurde nämlich in Jesus Christus Mensch und es war Gottes Menschenliebe, die ihn in unsere Welt und gerade zu den Ausgegrenzten und Leidenden gebracht hatte. Die Jünger Jesu und alle, die sich auf Jesus Christus taufen ließen, wussten nun darum, dass sie mit ihrem Herrn Jesus Christus und damit mit dem einen Gott, der ewiges Leben verheißt und schenkt, verbunden waren. Für diese Verbindung zu Gott und für den Glauben an die Auferstehung Jesu standen die Christen auf und versuchten auf ihre Weise die Versöhnung, den Trost und die Hoffnung ihres Meisters Jesus Christus an die Mitmenschen weiterzugeben.

Im Kolosserbrief steht dann über Jesus Christus: „Er ist das Ebenbild des unsichtbaren Gottes, der Erstgeborene vor aller Schöpfung" (Kol 1,15). Damit ist gemeint, dass man nur etwas von Gott wissen kann, wenn Gott einem selbst begegnet. Wir Menschen können uns kein Bild von Gott machen und wenn wir uns ein Bild machen würden, dann käme höchstwahrscheinlich das Bild eines menschlichen Idols dabei heraus, das einem nicht wirklich helfen und erst recht kein ewiges Leben schenken kann. Unmissverständlich steht hier im Kolosserbrief, dass Jesus das „Ebenbild Gottes" ist. Wer sich in der Bibel etwas auskennt, weiß, dass Gott den Menschen nach dem ersten Schöpfungsbericht (Gen 1) zum „Ebenbild" oder auch „Abbild Gottes" geschaffen hat.

Die Bezeichnung „Ebenbild" Gottes bedeutet hier, dass der Mensch ein Gegenüber Gottes sein soll. Der Mensch soll durch sein Leben, wie es ein „Abbild Gottes" macht, auf Gott verweisen und von ihm zeugen. Zu der versöhnten Beziehung zu Gott ist der Mensch also geschaffen, aber diesen direkten Draht und die ungetrübte Beziehung zu Gott hat jeder Mensch in seinem Leben verloren. Wir Menschen leben viel zu oft nach unseren eigenen Wünschen und Regeln und fragen viel zu wenig nach Gott. Der Mensch denkt an sich, aber daneben zumeist viel seltener an seine Mitmenschen und noch weniger an Gott. Gerade aus dieser Ichbezogenheit und

Selbstbezogenheit möchte Gott die Menschen befreien. Gott will die Menschen auf- und wachrütteln und ihnen zeigen, dass Gott sie als Gegenüber haben möchte. In seiner Liebe verdeutlich uns Gott, dass jeder Mensch einen gewaltigen Wert und eine unzerstörbare Würde hat. Gott ruft deshalb zur Mitmenschlichkeit auf und wünscht sich vom Menschen Anbetung. Trotzdem lässt Gott uns die Freiheit, ihm zu folgen oder sich von ihm abzuwenden.

Fest steht, dass man nirgends mehr über Gott und die von Gott gegebene Würde des Menschen lernen kann als in der Person von Jesus Christus. In der Person von Jesus Christus zeigt sich der wahre Gott, der die Menschen über alles liebt und in Jesus Christus ist der Ort, an dem Gott und Mensch versöhnt sind. Im Vertrauen auf Jesus gibt es nichts mehr, was von Gott trennen kann. Selbst im Leid, der Trauer und der Hoffnungslosigkeit der Welt ist Gott gegenwärtig und schenkt uns die Zuversicht auf das ewige Leben. Deshalb sollten wir uns (egal wie schwer unser Leben ist) nicht abschreiben, denn Gott schreibt uns in Jesus Christus auch nicht ab, sondern sucht uns viel mehr auf und schenkt uns in unserer menschlichen Schwachheit Anteil an seiner großen Kraft und seinem ewigen Leben.

Nachwort:

So frage ich: *„Was bin ich?“*

Liebe Leserin, Lieber Leser,

Jeder Mensch fragt sich in seinem Leben immer wieder: „Wer oder was bin ich?“ Erdrückend ist die Frage, wenn man keine richtige Antwort auf sie findet. Wir Menschen wollen unserem Leben doch einen Sinn geben. Schmerzhaft ist es, wenn unser selbstgemachter Lebenssinn bröckelt und vergeht. Die menschliche Weisheit, unsere Erfahrungen und Erinnerungen können verblassen und unsere Leistungskraft wird mit zunehmendem Alter schwinden. Mit den Jahren können aber auch unser Glaube und unser Vertrauen in den nachhaltigen Sinn unseres Lebens vergehen.

Macht unser Leben einen Sinn, wenn wir immer wieder durch das, was sich im Leben ereignet, enttäuscht und verletzt werden? Ist das Leben schlussendlich nicht doch nur Leid und Schmerz? Hat das Leid das letzte Wort oder gibt es Hoffnung auf die Überwindung des Leids und kann es schlussendlich einen Sieg über den Tod geben?

Im Blick auf Jesu Kreuz kann man sich die Frage nach dem bleibenden Sinn des Lebens stellen, aber eine Antwort darauf gibt uns die Auferstehung. Der Gott, der im Leid und im Tod bei uns ist, ist der, der uns den nachhaltigen Sinn unseres Lebens garantiert. Die Auferstehungsbotschaft hat das letzte Wort und lautet: „Jesus ist wahrhaftig auferstanden!“ Wäre Jesus und damit Gottes Zukunft nicht auferstanden, dann wäre Gottes Sache gescheitert. Aber die Auferstehung Jesu erinnert uns daran, dass unser Leben einen Sinn hat, weil mit dem wahren Gott in Jesus Christus auch die Gewissheit aufsteht, dass die schwierigen Situationen in der Welt und schlussendlich auch der Tod uns nicht ewig gefangen nehmen können.

Es gibt Leid, Krankheiten und Sorgen in der Welt, aber es gibt in unserer Welt auch eine Hoffnung darauf, dass das Dunkle und Bedrückende im Leben nicht ewig bestehen bleibt. In unserem Leben kann es uns hart ergehen, aber am Ende steht nicht die Sinnlosigkeit, sondern die Freude und das Glück über die endgültige und ewige Freiheit in Gottes Welt.

Ich wünsche Ihnen, dass Gott Ihnen die nötige Kraft und Erkenntnis gibt, damit Sie einen bleibenden Sinn in Ihrem Leben erkennen und mit Paulus zusammen sagen können: „Ob wir nun leben oder sterben, so gehören wir dem Herrn" (Röm 14,8b).

Mit herzlichen Grüßen

Ihr Tobias Hermann

Anhang:

I. Biblisch-Theologische Sicht auf Versöhnung und Heiligung

Einleitung:

In diesem kurzen Aufsatz möchte ich eine Verbindung von Versöhnung und Heiligung aufstellen. Ich sehe es als biblisch-theologisch begründet an, dass Gottes Versöhnung zu einem Leben in der Heiligung verpflichtet (vgl. 3. Mose/Lev 19,2). Unter Heiligung verstehe ich, dass Gott es ist, der dem Gläubigen beisteht, in ihm das Wollen und Vollbringen des Guten stärkt (vgl. Phil 2,13) und ihn an einem wertvollen Lebenswandel festhalten lässt. Was Heiligung bedeutet, erschließt sich dann inhaltlich durch Gottes Wortoffenbarungen und den Begegnungen mit Gottes Gnade, wie sie in vielerlei biblischen Erzählungen (u.a. Kains-Zeichen; Nichtopferung Isaaks; Bekehrung des Paulus usw.), aber vor allem in der Selbstoffenbarung Gottes in Jesus Christus (Menschwerdung Gottes in Jesus Christus) offenbar wurde.

Gottes Versöhnung:

Gott begegnet im Alten wie im Neuen Testament als der Versöhnende (Lev 16 (Tag der Versöhnung [„jom kippur"]); 2. Kor 5,19ff usw.). Wo Menschen sich von ihrem Gott und seinem Gebot entfremden, ist Gott es, der sich den Menschen erneut zuwendet und sie in die Heiligkeit der Gottesbeziehung hineinführt (vgl. ua. Röm 6,11). Deutlich wird dies u.a. am Volk Israel, das als Gleichnis für das Menschsein schlechthin angesehen werden kann. Gott selbst ist es hier, der sein Volk aus äußerster Gottlosigkeit herausführt (vgl. Bau des Goldenen Kalbes und dann die erneute Gabe des Bundes). Gott stellt sich zu seinem Volk und macht es dadurch zu einem heiligen Volk. Heil wird auch heute noch jedes Menschenleben, wenn Gott sich einem Menschen zuwendet und in das Leben eines Menschen tritt/einwirkt.

Die Besonderheit der göttlichen Versöhnung besteht demnach in der freien Hinwendung des gnädigen Gottes zu uns Menschen. Im Alten Testament zeigt sich diese Hinwendung vor allem in Gottes Nähe zu einzelnen biblischen Gestalten (Abraham, Mose usw.), aber auch in Gottes gnädiger Beziehung zum widerspenstigen Volk Israel, das u.a. für das widerspenstige Sein der Menschen steht (vgl. Bild von Gottes Herzens-Umsturz in Hos 11,8ff).

Wichtig ist mir des Weiteren, dass nicht der Mensch sich mit Gott versöhnen kann, denn versöhnen kann sich allein Gott mit den Menschen (vgl. u.a. 2. Kor 5,19ff), weil der Graben zwischen dem entfremdeten Menschen und Gott aus menschlicher Kraft nicht überbrückt werden kann. Alles Tun des Menschen – möge es auch noch so gut gemeint sein – führt schlussendlich in den Tod. Der Mensch ist gefangen in der Endlichkeit und Sterblichkeit der Welt. Gott hingegen und seine Versöhnung bestehen für alle Ewigkeit und eröffnen dem sterblichen Menschen eine Hoffnung, die alles Schwere und Gottwidrige/Gottlose/Gottferne in der Welt überwunden hat.

Eine letztgültige Versöhnung mit Gott findet sich im Alten Testament jedoch erst bei einigen Propheten (vgl. u.a. Jes 25,8). Denn nur in wenigen biblischen Texten des Alten Testaments findet sich der Glaube daran, dass Gott die Menschen am Schluss sogar mit dem Tod versühnen will.

Diese schlussendliche Versöhnung (auch mit dem Tod) hat sich dann erst im Neuen Testament in Jesus Christus gezeigt, denn Jesus ist es, der in seiner Auferstehung offenbart, dass Gottes Versöhnung über die gottlosen Seiten der Welt und den Tod gesiegt hat (vgl. u.a. 1. Kor 15,55). Gott hat sich in der Auferstehung von Jesus Christus letztgültig als der Gott des Lebens gezeigt, der ausdrücklich „Nein" zu einem ewigen Tod und zu einer ewigen Unversöhntheit zwischen Gott und der Menschheit sagt.

Heiligung:

Auf die Versöhnung folgt die Heiligung. Heiligung verstehe ich als das von Gott bewirkte Bleiben in der Nähe Gottes. Gerade da, wo der Mensch trotz der Versöhnung immer wieder von Gott abfällt, ist die Heiligung die Beharrlichkeit Gottes, die den Menschen immer wieder in die Heiligkeit seines himmlischen Vaters führt. Gott ist demnach der, der die Menschen an seine große Liebe bindet und sie dadurch durchs Leben bis ans selige Ende begleitet. Gott erweist sich im Leben der Gottesgläubigen als der, der in den einzelnen Gläubigen das Bleiben in der Heiligkeit bewirken kann. Dabei ist die einzige Verpflichtung des Menschen, sich dem heiligenden Wirken Gottes zu öffnen und nicht zu widersetzen.

Eine Folge dieser göttlichen Heiligung in der Kraft Gottes im Heiligen Geist ist, dass der Mensch immer mehr verwandelt wird. In der Heiligung wird das Leben des einzelnen Menschen zunehmend auf das Gute ausgerichtet und Gottes neue Schöpfung kann sich im Einzelnen, der auf Gott vertraut, schrittweise verwirklichen.

Heiligung bedeutet also, dass Gottes Wirklichkeit sich als wahr erweist, weil Gott sich zu seiner Zusage nicht nur einmalig stellt, sondern fortwährend beweist, dass seine Gnade größer als alles ist, was Menschen immer wieder von Gott trennt und entfremdet. Wenn ein Mensch sich dieser Gnade bewusst ist und sie für sich annimmt, wird er immer mehr dieser Gnade konform/gleich gemacht. So kann der einzelne Gläubige in seinem Leben die Gnade immer mehr abbilden, die sich in ihrer Reinform in Jesus Christus offenbart hat.

Fazit:

Auf die Versöhnung muss die Heiligung folgen, denn die Versöhnung von Gott wurde dazu gegeben, damit Menschen nicht nur zeitweise zu Gott finden, sondern viel mehr in alle Ewigkeit bei ihm in seiner Nähe wandeln können.

In der Versöhnung, die dem Prozess der Heiligung vorangeht, durchbricht Gott das Schwere in der Welt. Gott setzt selbst dem Tod ein Ende und lässt in Jesu Auferstehung als Erfüllung der Hoffnung auf ein ewiges Leben im Alten Testament seine ewige Herrlichkeit aufstrahlen. Das Leben in dieser Herrlichkeit führt den einzelnen Gläubigen in einen lebenslangen Prozess der Verherrlichung bzw. Heiligung, weil sich im Leben des Gläubigen immer mehr die göttliche Gnade und Liebe einprägen soll. Die Gnade und Liebe, die in Jesus Christus erschienen ist, soll jeder Mensch auf seine Weise abbilden (vgl. Mensch als Ebenbild/Abbild Gottes), denn genau zu dieser Verherrlichung Gottes ist jeder einzelne Mensch geschaffen. Jeder einzelne Mensch soll als Statue Gottes/Ebenbild Gottes (vgl. erster Schöpfungsbericht) auf Gott den Schöpfer verweisen und in seinem Leben in der Heiligung Gott und seiner Versöhnung die Ehre geben.

Dennoch bleibt die allumfassende Herrlichkeit der Ewigkeit Gottes Gott vorbehalten und hier und heute kann der Mensch nur in Entsprechung/Beziehung zu dieser Herrlichkeit existieren. Der einzelne Gläubige verweist in seinem Leben in der Heiligung somit immer wieder auf die vollkommene Herrlichkeit bzw. Liebe Gottes und zeigt an, dass allein Gott auf ewig versöhnen kann. Gott bleibt es demnach, der die Menschen in die Versöhnung hineinführt und ihnen Hoffnung macht, dass alles Schwere, all die Gottlosigkeit, jedes Scheitern und selbst der Tod nicht das letzte Wort haben. Es bleibt Gottes Wort der Versöhnung, denn was Gott versprochen hat, das hält er. Und in Jesus Christus hat Gott versprochen, dass alle Gläubigen Anteil an seinem ewigen Reich des Friedens, der Herrlichkeit und der bedingungslosen/grenzenlosen Liebe haben dürfen.

II. Paulinische Theologie in knapper Zusammenfassung

Rechtfertigung

(Gott ist es, der rechtfertigt!)

Im Alten Testament ist die Gerechtigkeit Ausdruck der göttlichen Schöpfermacht, die zum Wohl und Bestand der Schöpfung gegeben ist (Ps 33,4-6; Ps 85,10-14). Im Deuterojesajabuch (hypothetischer 2. Teil des Jesajabuches) tritt im letzten Gottesknechtslied (Jes 53) eine gerechte Gestalt auf, die stellvertretend für die Menschen die Sünde und Schuld auf sich nimmt und sie dadurch mit Gott versühnt. Neben der Gerechtigkeit, die sich im Handeln dieses mysteriösen Gottesknechts verbirgt, wird in Gen 15,6 auch darauf verwiesen, dass Abraham gerecht war, weil er Gott glaubte/vertraute. Paulus nimmt diese Aussage (Röm 4, Gal 3) des Alten Testaments auf, um aufzuzeigen, dass es Gott auf den Glauben ankommt („der Gerechte wird aus dem Glauben leben" [Röm 1,17 (im Anschluss an Hab 2,4)]), der gerecht macht. Die Beschneidung und andere äußerliche Zeichen der Gotteszugehörigkeit sind dahingegen sekundär und versprechen kein Heil. Allein der Glaube als beständiges Vertrauen und Festhalten an Gottes Bund und Gebot/Willen ist das, was dem Volk das Bleiben in der Heiligkeit und Gerechtigkeit Gottes ermöglicht.

Im Antiken Judentum (u.a. Pharisäer) hat man zum Teil das Heil in absoluter Toraobersvanz (Eifer und Gehorsam dem Gesetz gegenüber) gesucht. So wird z. B. in Jesus Sirach 24 (Zwischentext zwischen Altem und Neuem Testament [nicht in allen Bibelausgaben enthalten]) darauf eingegangen, dass die Tora und ihre Weisungen eine Gnadengabe Gottes sind. Allein die Tora gewährt nämlich das Bleiben in der Gottesgemeinschaft. Deshalb sind, nach dem Antiken Judentum, nur die gerecht, die Gottes Gebote/Weisungen ehren und halten, aber darüber hinaus auch auf Gottes Barmherzigkeit vertrauen.

Nun zur paulinischen Rechtfertigungslehre, die an der Tauftradition *(Taufe als Statuswechsel: Vom Bereich der Sünde in den der Gerechtigkeit und Gnade Gottes)* haftet (Röm 3,25 mit Röm 6), die aufzeigt, dass der Täufling im Vertrauen auf Christus Anteil an dem Sühnegeschehen hat, das Gott in Christus am Kreuz erwirkt hat. Darüber hinaus hat der einzelne Christ auch Anteil an der Auferstehungskraft, die ihm eine gewisse Zukunftshoffnung mit auf den weiteren Lebensweg gibt. Rechtfertigung bedeutet deshalb: Gott setzt den einzelnen Christen in Christus in das rechte und versöhnte Verhältnis zu sich und gibt ihm Anteil am Leib Christi bzw. an der neuen Wirklichkeit in Christus (diese Auferstehungswirklichkeit steht gegen die Wirklichkeit des schlussendlichen Scheiterns und des Todes in dieser Welt [vgl. Adam-Christus-Typologie *{Aussage: in Adam starben alle, in Christus werden alle lebendig/leben} in Röm 5; 1. Kor 15]).*

- Zusammenfassend lässt sich sagen, dass der Begriff „Gerechtigkeit" ein Relations-/Verhältnis-/Beziehungsbegriff ist, der den Einzelnen, der im Glauben Anteil an Gottes Gerechtigkeit hat, in eine intakte/heilvolle Beziehung zu seinem Schöpfergott führt, der ihm in Jesus Christus den Weg in eine aufrichtige und einträchtige Gottesbeziehung ermöglicht hat. Durch den Glauben hat der einzelne Christ somit Frieden mit Gott (2. Kor 5, 21) und kann nun getrost in die erhoffte Zukunft gehen/blicken (Röm 8,31-33). Abschließend ist zu sagen, dass Gott gerade im Sühnetod Jesu Christi die Beziehung zu sich eröffnet und durch das Wirken des göttlichen Geistes den einzelnen Gläubigen in das Vertrauen auf die Treue und die Barmherzigkeit Gottes führt. Durch die Treue Gottes erfährt der einzelne Mensch, dass sein Heil nicht an seinen Möglichkeiten hängt, sondern an der Treue, Liebe, Gerechtigkeit und Barmherzigkeit Gottes, die sich in Jesu Wirken für uns offenbart und gezeigt hat.

Fleisch und Geist

(sterbliches Fleisch und Angeld/Kraft der Zukunft Gottes im Heiligen Geist)

Der Mensch ist bei Paulus in ein Spannungsfeld von verschiedenen Mächten gestellt, so ist z.B. die Leiblichkeit gefährdet von der Sünde, die über den fleischlichen Leib herrschen möchte (vgl. Ausdruck „Gesetz der Sünde" [denn das Fleisch ist durch die Sünde gegen Gott „gesetzt"]). Der Begriff „Soma" (Leib) kann Paulus dabei neutral, aber auch negativ aufnehmen (vgl. „Sündenleib" in Röm 6,6). Der Leib, ob Sarx (Fleisch) oder Soma (Leib), besitzt Begierden, die zum Sündigen hinführen und allein die Existenz „in Christus" (vgl. Taufe als Herrschaftswechsel in Röm 6) bringt den Christen in die Freiheit des Seins im Einklang mit Gott und seinem Willen (vgl. Nomos [Gesetz]/Tora[Weisung]). Dennoch steht für Paulus fest, dass die Sünde zwar entmachtet ist, aber weiterhin auf den Gläubigen negativ einwirken möchte. Deshalb soll der einzelne Christ seine Glieder (also sein Leib) als Werkzeuge für die Gerechtigkeit einsetzen und nicht als Werkzeuge der Ungerechtigkeit der Sünde (vgl. Begriff „opla" [Werkzeug/Waffe] bei Paulus).

Vollkommen positiv spricht Paulus erst wenn es um die Auferstehung geht von Leiblichkeit, denn für ihn gibt es menschliche Identität allein in somatischer/leiblicher Form. Dennoch ist für Paulus der Auferstehungsleib pneumatisch/geistlich und nicht fleischlich (vgl. 1. Kor 15,42ff).

„Sarx (Fleisch) und Aima (Blut)" können für Paulus das Reich Gottes nicht erblicken (1. Kor 15,50), denn das fleischliche Sein des Menschen ist bestimmt von Selbstbezogenheit, Egoismus und Vergänglichkeit. Als fleischlicher Mensch ist, so Paulus, der einzelne Mensch verkauft unter die Sünde (Röm 7,14b) und aus dem verhängnisvollen Ineinander von Fleisch, Sünde und Tod kann der Mensch aus seiner Kraft nicht entfliehen. In Christus sind die Christusgläubigen dann aber dem Bereich des Fleisches und der Sünde entrissen und in das Wirken des Geistes Gottes gestellt (vgl. Röm 8,5-8).

- Zusammenfassung: Paulus kann positiv vom Leib als „Tempel des Heiligen Geistes" (1. Kor 6,19 [jedoch hier in einem ermahnenden Wort]) sprechen, er kann ihn aber auch neutral gebrauchen als die natürliche Beschaffenheit des Menschen. Aber besonders im Römer- und Galaterbrief steht der Leib mit seinem Fleisch ganz unter dem Einfluss und der Macht der Sünde und kann allein durch das Wirken des göttlichen Geistes in ein gottgefälliges Leben führen/gelangen (Heiligung als Nachfolge Christi im Geist Gottes).

Pneumatologie (Lehre vom Geist Gottes)

(Der Geist Gottes weht und wirkt)

Die Gegenwart des Heils zeigt sich bei Paulus besonders an der Teilhabe/Partizipation am Wirken des Geistes Gottes. Theologisch betrachtet, wirkt Gott als geistliches Wesen pneumatisch (geistlich). So entreißt Gott die Glaubenden aus der Macht der Sünde und des Todes durch das Wirken seines Geistes, der auch in Jesus Christus war (vgl. Röm 8,9-11). Nur durch den Geist Gottes im Leib kann der einzelne Christ zu einem „Tempel des Heiligen Geistes" (1. Kor 6,19) werden, der gottgefällig und heilig ist.

Christologisch (= Lehre Christi) betrachtet ist der Geist vor allem dadurch bestimmt, dass er - wie es auch in Jesus Christus geschehen ist - von den Toten aufweckt (Röm 6,4). Des Weiteren ist es auch der „Geist Christi" (Röm 8,9b), der in den Gläubigen wirkt und zur Anbetung Gottes und in die Sohnschaft im Einklang mit Gott hinführt („Abba, Vater" in u.a. Gal 4,6).

Soteriologisch (=Lehre von der Errettung) zeigt sich die Bedeutung des Geistes darin, dass seit dem Geistempfang der einzelne Gläubige Geistträger in der heilsamen Christus-Communitas (Christusgemeinschaft) steht, die ihn zu Werken der Liebe führt, die dem Willen und Gebot/Gesetz Gottes entsprechen (vgl. Gal 5 [Werke des Geistes]; 1. Kor 13 [Hoheslied der Liebe]).

Aus Sicht einer anthropologischen (= Lehre vom Menschen) Betrachtungsweise auf den Geist Gottes begegnet im Empfang des Geistes eine Neubestimmung des Menschen, denn er dient nun nicht mehr den Unheilsmächten, sondern ist in den Dienst Gottes gestellt und kann an Christi Stelle rufen: „Lasst euch versöhnen mit Gott" (vgl. 2. Kor 5 [Versöhnung]).

Zuletzt ist der Geist auch eschatologisch (also was die zukünftigen Dinge betrifft) bedeutsam, da er auf die kommende Welt Gottes blicken lässt, auf die der einzelne Christ im Geist Gottes schon hier und heute hofft. Des Weiteren lebt der Christ auch aus der Hoffnung auf Gottes zukünftiges Reich und weiß sich im Leben und Sterben bei Gott geborgen.

Gaben des Geistes sind: Freiheit (2. Kor 3,17b: „ Wo aber der Geist Gottes ist, da ist Freiheit"), Sohnschaft/Kindschaft/Erbe (Röm 8,15: „Ihr habt den Geist, der euch zu Söhnen macht, in dem ihr ruft: Abba, Vater"), Liebe (Röm 5,5b: „Liebe ist ausgegossen in unsere Herzen") und verschiedene Charismen/Gnadengaben des Geistes (vgl. 1. Korinther 12 [Gaben des einen Geistes, die zur Erbauung der Gemeinde als Leib Gottes gegeben sind]).

- Zusammenfassung: Der Geist Gottes führt den einzelnen Christen in die Eintracht mit Gott und in die Freiheit des Geistes Gottes, der aus dem widerspenstigen Menschen, der gegen Gott ausgerichtet war, einen Diener Christi macht, der in der Liebe zu Gott und den Mitmenschen gegenüber den Willen Gottes umsetzt und im Einklang mit Gottes Weisung existiert. Des Weiteren führt der Geist in ein Leben im

Licht des Evangeliums und lässt den einzelnen Christen aus der Kraft und Hoffnung der Auferstehung befreit leben. Im Geist ist der Christ befreit von den Unheilsmächten und darf für Gott und seinen guten Willen leben!

Neues Sein

(in Christus)

Das Neue Sein ist das durch Christus bestimmte Sein (vgl. 2. Kor 5 [das Wort von der Versöhnung]), das schon gegenwärtig darum weiß, dass es von den Unheilsmächten befreit ist und für Gott lebt (vgl. Röm 6).

Besonders das Taufgeschehen wird bei Paulus aufgegriffen, wenn es darum geht, die Partizipation/Teilhabe des Gläubigen am Kreuzesgeschehen zur Sprache zu bringen. In der Taufe ist der einzelne Christ symbolisch mit Christus gestorben und zu einem Leben für Gott erweckt worden. Nicht mehr der Tod und die Sünde (sollen) herrschen, sondern viel mehr Gottes Geist, der den einzelnen Christen in ein torageformes/gottgefälliges Leben der Liebe führt. Durch die Taufe geschieht dann auch die Eingliederung in den Leib Christi, in dem jedes einzelne Glied an Christus partizipiert bzw. Anteil hat und zur Erbauung der anderen Mitchristen eingesetzt ist (vgl. 1. Kor 12).

Des Weiteren spricht Paulus im Galaterbrief davon, dass der einzelne Christ durch die Taufe den Christus wie ein Kleid angezogen hat (Gal 3,27) und damit ist gemeint, dass im neuen Sein durch die Taufe im Geist Christus die Herrschaft über den Gläubigen übernehmen soll. Durch den Geist Gottes, der das alles wirkt, ist der einzelne Christ ein Sohn Gottes und Miterbe Christi.

- Zusammfassend: Es lässt sich sagen, dass in dem „MIT"-Sterben in der Taufe (vgl. Röm 6) der einzelne Christ Anteil an Jesu Geschick zum Heil für die Menschen erhält und „In Christus" im Geist schrittweise der vollendeten Erlösung in Gottes Welt und Zukunft entgegengeht. So ist der Christ unter der Gnade und Rettung Gottes und tritt für die Gerechtigkeit Gottes ein, die ihm in Gottes Treue und Barmherzigkeit in Jesus Christus entgegengekommen ist.

Auferstehung

(Auferstehung Jesu und der Toten)

Jesus Christus als Repräsentant der Liebe Gottes bringt Gottes Heilswillen für den sündigen Menschen zu seiner Erfüllung (vgl. 2. Kor 5). Wenn der einzelne Christ an seinem Herrn Jesus Christus Anteil hat, so hat sich für ihn ein Statuswechsel ergeben, denn aus dem Status des Todes und der Gottesferne wurde ihm der heilvolle Status der Nähe zum lebensspendenden Gott verliehen.

Der Philipperhymnus (Phil 2,5-11) legt von dem, was Jesus für uns tat, Zeugnis ab. Es ist ein vorpaulinischer Hymnus (ein Lied, das älter als die Paulusbriefe ist), der aufzeigt, wie Christus die Göttlichkeit hinter sich ließ, um Mensch zu werden und am Kreuz den Tod eines Menschen zu sterben. Gerade in diesem Sterben als Stellvertretung Gottes in Jesus Christus für den Menschen (vgl. Sühne in Röm 3,25) geschieht Heil.

Gott in Christus ist es, der „die Toten lebendig macht und das Nicht-Seiende ins Sein holt" (Röm 4,17b). Ziel dieses präsentischen (schon jetzt gültigen) und futurischen/eschatologischen (aber erst zukünftig sichtbaren) Handelns ist das Sein Gottes „in allem"(1. Kor 15,28).

Paulus ist, was die Verkündigung betrifft, ein Apostel/Zeuge Gottes und als dieser Zeuge legt er mit den anderen Christusgläubigen das Bekenntnis vom Gekreuzigten und Auferstanden Christus ab. Für Paulus hat dabei die Auferstehung zentrale

Bedeutung für den Glauben, denn der Glaube an das Evangelium steht und fällt mit der Wahrhaftigkeit und Wirklichkeit der für uns geschehenen Auferstehung (1. Kor 15,14). So lautet dann auch das vorpaulinische Bekenntnis, das womöglich auf die Jerusalemer Urgemeinde zurückgeht: „Dass Christus für unsere Sünden gestorben ist den Schriften entsprechend und dass er begraben wurde und dass er auferweckt ist am dritten Tag den Schriften entsprechend und dass er Kephas („der Fels"; damit ist der Apostel Petrus gemeint) erschien, dann den Zwölfen" (1. Kor 15,3b-5). Dieses Bekenntnis umfasst Sterben, Begräbnis und Auferstehung am dritten Tag.

Für Paulus ist die Auferstehung ein objektives historisches Faktum, dahingegen war es Bultmann, der die Auferstehung Jesu in den Bereich des Mythologischen verschoben hat, um so die Verkündigung des Evangeliums von der Auferstehung Jesu für die Moderne zu erhalten/zu bewahren. Paulus hingegen versteht die Auferstehung als Offenbarungsakt, der sich in Zeit und Raum verwirklicht (Gal 1,15f), aber dennoch Zeit und Raum sprengt, weil es Gottes Ewigkeit ist, die in der Auferstehung punktuell in die sterbliche Welt eindringt.

Erklärungsmodelle für das, was die Auferstehung betrifft, sollen nun kurz dargestellt werden. Zunächst sei nochmals R. Bultmann genannt, der von der Auferstehung Jesu in das Kerygma (verkündigtes Wort/Botschaft) ausging. Das bedeutet, dass allein die Botschaft von der Auferstehung Bestand hat. Von historischem Faktum kann hingegen keine Rede sein, weil das allein einer „legendarischen Mythologie" entsprechen würde.

W. Pannenberg dahingegen sieht in der Auferstehung Jesu ein reales Geschehen, denn ohne die Erscheinungen wäre das leere Grab mehrdeutig geblieben und hätte nicht zum Glauben an die Auferstehung von Jesus Christus führen können.

Am sinnvollsten dürfte es sein, wenn man die Auferstehung Jesu von aller Weltlichkeit trennt und sie als Transzendenzgeschehen ansieht, das dem, der zum

Glauben an den gekreuzigten Auferstandenen kommt, eine neue Wirklichkeit eröffnet. Nämlich die Wirklichkeit Gottes und der Zukunft Gottes, die sich nicht historisch und weltlich erklären lässt, aber dennoch die Welt auf Gottes ewiges Reich des Lebens und des Friedens hin verwandelt (vgl. leeres Grab). In der Auferstehung übersteigt das, was hier geschehen ist, alle menschliche Vernunft und Weisheit (vgl. Wort vom Kreuz in 1. Kor 1). So muss man historisch gesehen zu dem Schluss kommen, dass die Auferstehung Jesu als singuläres Geschehen des Einfalls von Gottes Ewigkeit in unsere Welt weder historisch bewiesen noch widerlegt werden kann.

Zusammenfassung: Jesus Christus hat in seiner Auferstehung eine neue Wirklichkeit eröffnet. Der, der an die Auferstehung glaubt, glaubt zugleich an die Zukunft, die Gott in Christus gesetzt hat. Es ist eine Zukunft, die dem Menschen eine Verwandlung seines Leibes (1. Kor 15) ansagt, denn der Gläubige stirbt wie sein Herr Jesus Christus in der Form seines sterblichen Fleisches, aber auferstehen wird der einzelne Christ in der ewigen Existenz eines pneumatischen/geistlichen Leibes. Historisch kann die Auferstehung Jesu als Prototyp der Verwandlungskraft Gottes zum ewigen Leben für die Menschen weder belegt noch widerlegt werden. Alles hängt an der Frage, ob Gott in dem einzelnen Menschen den Glauben an die Auferstehung gewirkt hat. Denn nur im Glauben kann der einzelne Christ zum Vertrauen in die Zukunft Gottes für die Menschen kommen, die in der Auferstehung Jesu und den Erscheinungen des Auferstandenen punktuell offenbar/sichtbar geworden ist.

Eschatologie (Lehre von den letzten Dingen)

(Zukunft Gottes)

Für Paulus ist die Auferstehung das, was die Gegenwart und Zukunft jedes Christenmenschen bestimmt. Aus der Hoffnung auf die Auferstehung darf der einzelne Christ lernen, dass die Partizipation/Teilhabe an Christus und dem Heilswerk Gottes eine gewisse Hoffnung verleiht. Diese Hoffnung, die durch Gottes Geist im Gläubigen vorangetrieben wird, stärkt den Christen im guten Kampf des Glaubens auf Gottes vollkommene Welt hin. Es ist ein Kampf der Hoffnung gegen die Sterblichkeit und Endlichkeit dieser Welt.

Jesus Christus ist in seiner Auferstehung der „Erstling" derer, die noch auf ihre Verwandlung in der Auferstehung warten. So drückt u. a. die Adam-Christus-Typologie (Adam-Christus-Vergleich) aus, wie Jesus Christus das alte Sein des Menschen mit der Sterblichkeit aufhebt, um eine neue Wirklichkeit des ewigen Lebens für den Gläubigen zu stiften („denn wie durch einen Menschen der Tod (gekommen ist), so durch einen Menschen die Auferstehung von den Toten" [vgl. Röm 5; 1. Kor 15]).

Das, was aufersteht, ist das neue Sein in Christus (2. Kor 5), das sich der Liebe verpflichtet (Gal 5,22). Des Weiteren ist es ein Sein in und auf Hoffnung hin (Röm 8,24). Die Hoffnung gehört dabei, wie auch der Glaube und die Liebe, zu den Grundgrößen der christlichen Existenz.

Was den Ablauf der Endzeit angeht, so bietet uns Paulus keinen Plan apokalyptischer Haushaltungen (gegen Offb), sondern stellt ganz bewusst die Auferstehung und das neue Sein in Christus ins Zentrum dessen, was die Zukunft bringen wird. Von der Entrückung spricht Paulus in 1. Thess 4,13-18 deswegen, weil er davon ausging, dass Christus vor dem Tod der Apostel und Gläubigen kommt und dann die, die noch leben, direkt zu sich nehmen wird. Jedoch hat sich diese

Hoffnung auf die Parusie Jesu (bald ereignende Ankunft Christi) zu der Zeit der Apostel nicht bewahrheitet. Schon im Korintherbrief war es für die Gläubigen keine Besonderheit mehr, dass Gläubige vor der Parusie in den Tod gingen (vgl. 1. Kor 7,39). Deshalb wurde im 1. Korintherbrief (im 15. Kapitel) die Auferstehung leiblich ausformuliert, weil die Frage aufkam, wie die bereits Verstorbenen zu ihrem ewigen Leben gelangen können. Paulus vertrat an dieser Stelle eine Auferstehung als Verwandlung in eine pneumatische/geistliche Leiblichkeit, die ohne Sünde und Schwachheit des Fleisches sein wird. In 2. Kor 5,1-10 findet sich dann die Aussage des Apostels Paulus, der nun davon ausgeht, dass er noch vor der Parusie sterben wird. Sein Dasein im Leib empfand er dabei als ein Sein in der Fremde bzw. Im Exil von Gottes letzter Wirklichkeit (ewiges Leben bei Gott). Im Römerbrief ist das Ausbleiben der Parusie (Ankunft Christi) noch mehr integriert worden, davon zeugt u. a. die Aussage: „Ob wir nun leben oder sterben, so gehören wir dem Herrn" (Röm 14,8b).

- Zusammenfassung: Der Apostel Paulus spricht, wenn er die Zukunft Gottes in Worte fassen möchte, von der Auferstehung als dem Geschehen, in dem eine Verwandlung des irdisch-sterblichen Seins in eine pneumatisch(geistliche)-ewige Existenz geschehen wird. Dies alles wird geschehen, wenn Christus wiederkommt bzw. der Tag des Herrn anbricht.

Gesetz

(Gottes guter Wille)

Paulus (vgl. Gal 1,13.14 und Phil 3,5-9) war zunächst ein „Eiferer für das Gesetz" und war in den Gesetzen unterrichtet worden. Auch nach seiner Bekehrung in Damaskus hält der Apostel das Gesetz hoch, möchte es aufrichten und sieht es als gut und heilig an. Sein Ziel (vgl. Röm 10,4 [Christus als Ziel/Ende des Gesetzes]) findet es aber erst in Christus als „Gesetz Christi" (Gal 6,2) und „Gesetz des Geistes" (8,2) bzw. „Glaubens"(Röm 3,27).

Erst im Galaterbrief demontiert Paulus das Gesetz und sieht es „zeitlich" (Gal 3,17) und „sachlich" (Gal 3,19f) als sekundär an. Dennoch bleibt das Gesetz heilig bzw. gut (Röm 7,12: „So ist das Gesetz heilig und das Gebot heilig, gerecht und gut") und leidet unter der Sündenmacht, die das Gesetz benutzt, um die Begierden zur Sünde hin zu stärken/mehren. Deshalb soll der einzelne Christ sich unter der Gnade sehen und nicht unter dem Gesetz, das ihn richtet und seine Sünden offenbart (vgl. Röm 3,20.21a [„... durch das Gesetz kommt es zu der Erkenntnis der Sünde"]).

Erst das gottgefällige Leben und die Verinnerlichung der Tora/Weisung Gottes führt zu einem guten Lebenswandel, der zur Erfüllung des Gesetzes in der Liebe gelangt *(Gal 5,14: „Das ganze Gesetz ist in einem Wort erfüllt, nämlich: Du sollst deinen Nächsten lieben wie dich selbst" [vgl. zweites Gebot des Doppelgebotes Christi]).* Es kommt deshalb nicht auf die äußerliche Beschneidung an, sondern auf die innwendige Beschneidung (vgl. Ez 36; Jer 31,31ff; und bei Paulus in 2. Kor 3,3), die einen wahrhaft zu einem Gottesgläubigen in einem gottgefälligen Lebenswandel werden lässt (Röm 2,28f).

Zusammenfassend ist über das Gesetz zu sagen, dass es erst im neuen Sein in Christus zu seinem Ziel kommt. Wenn der einzelne Gläubige nämlich „in Christus" ist und für Gott im Geist Gottes/Christi wandelt, kann er der Liebe entsprechen, die das Gesetz fordert. Das Sein „in Christus" ist nämlich verbunden mit der Verinnerlichung der Tora (Schreiben der Weisung Gottes in die Herzen der Gläubigen; vgl. Ez 36; Jer 31,31ff; und bei Paulus in 2. Kor 3,3). Deshalb kann der Apostel über das Gesetz sagen, dass es gut und heilig ist, obwohl es dem Menschen nicht ermöglicht, aus seiner eigenen Anstrengung gerecht zu werden. Der einzelne Gläubige ist nämlich auf die Treue Gottes angewiesen, die die Untreue der Menschen wettmacht.

Israel

(Gottes Volk des „alten“ Bundes)

Mit der Antithese von „Buchstabe – Geist“ (2. Kor 3,6) markiert Paulus den grundlegenden Unterschied zwischen dem alten und dem neuen Bund. Denn für Paulus zielen alle alttestamentlichen Verheißungen auf Christus und haben sich in ihm erfüllt. Weder die Beschneidung noch das oberflächliche Halten der Tora (Weisung Gottes) aus menschlichem Eifer können zur Errettung des Menschen führen. Allein das Sein „in Christus“ und die Partizipation/Teilhabe an dem, was er für unsere Heiligung vor Gott gewirkt hat, lässt die Christen erlöst und befreit leben.

Jedoch muss darauf hingewiesen werden, dass Paulus in Röm 9-11 davon spricht, dass Gott am verstockten Israel seine Treue zu seiner Zusage im alten Bund demonstrieren will. So steht in Röm 11,26a, dass „ganz Israel errettet wird“, wenn die Fülle/Vollzahl der Heiden (derer, die aus den Völkern und Nationen zum Christusglauben gekommen sind) Anteil an ihrer Errettung erhalten haben.

Zusammenfassung: Paulus geht es um eine Gemeinde, die aus Juden und Heiden besteht. Was das ganze Volk Israel betrifft (also auch die Verstockten), so geht Paulus davon aus, dass am Ende der Zeit ganz Israel errettet wird und Gott treu zu seinem Bund stehen wird, den er mit Israel geschlossen hat.

III. Übersicht über Themen der alttestamentlichen Prophetie

Sozialkritik

(Gesellschaftskritik der Propheten)

Der erste Schriftprophet, der sich gegen soziale Missstände wendet, ist Amos. Im 2. Kapitel, in den Versen 6ff wird benannt, welche Missstände im Volk vorlagen. Besonders findet sich hier eine Überschneidung mit dem Protojesajabuch (hypothetischer erster Teil des Jesajabuches), in dem im Weinberglied (Jes 5) bzw. in den folgenden Versen darauf verwiesen wird, dass die Oberschicht Israels sich gegen die kleinen Bauern erhoben und sie in die Schuldknechtschaft getrieben hat *(Ländereien gingen an die Oberschicht Israels (es handelt sich dabei um Erbland, das Gott dem ganzen Volk zukommen ließ)).* An Stelle von Gerechtigkeit und Recht gab es im Volk Rechtsbruch und Bluttaten. Im Hoseabuch wird die Kritik dann so zusammengefasst: „Es ist keine Treue, kein Gemeinschaftssinn und keine Gotteserkenntnis im Land" (4,1). Genau darauf geht dann auch das Michabuch ein, denn die Treulosigkeit der Oberschicht Israels (Nordreich) bzw. Judas (Südreich) führt dazu, dass Gott sich von seinem Volk und seinem Tempel abwendet und wegen der sozialen Missstände Gericht bringt. Ein Ausweg aus dem Gericht wegen der Treulosigkeit der Oberschicht wird jedoch in den heilvollen Worten über den zukünftigen messianischen König ausgesprochen, der Recht und Gerechtigkeit zurückbringen wird.

Kultkritik

(Kritik der Propheten am Kult bzw. Gottesdienst)

Gott, der an Güte und Treue bzw. Recht und Gerechtigkeit und nicht an Schlachtopfern usw. Freude hat (Hos 6,6 bzw. Am 5,21ff), wendet sich gegen die Gottesdienstgemeinde und ihre Versammlungen. Die falsche Heilssicherheit des Volkes führt geradewegs ins Verderben, denn Gott entzieht sich von denen, die sich trotz ihrer Ungerechtigkeit auf ihren Gott berufen (Ez 8-11). Des Weiteren hört er die Gebete seines Volkes nicht mehr (Jes 1,15). Gott, der Heilsgarant Israels (Nordreich) bzw. Judas (Südreich), wendet sich demnach von seinem Volk ab und lässt das Zorngericht über Israel kommen. Der Zion und auch Jerusalem werden verwüstet (Mi 3,12) und kein Stein wird laut Prophetie auf dem anderen bleiben (vgl. Zerstörung Jerusalems und des jerus. Tempels).

Messias (der „Gesalbte"; [damals wurden Könige, Priester und Propheten gesalbt])

(der kommende Heilskönig)

Besonders im Jesaja- (vor allem Proto-Jesaja), Micha-, Sacharja- und Haggai-Buch wird auf einen Messias eingegangen, der in die Nachfolge Davids treten wird.

In Jes 7,13f findet sich der erste messianische Beleg im Jesajabuch. Hier tritt in einem Heilswort ein Kind mit Namen „Immanuel"(=Gott mit uns) auf (im Neuen Testament wird Jesus als Immanuel bezeichnet). Dieser Heilskönig wird es nämlich sein, der Gott wieder mitten unter seinem Volk präsent/gegenwärtig sein lässt. Gerade dadurch steht der messianische Heilskönig dem „kleingläubigen" König Ahab gegenüber, der sich durch ein Bündnis mit Assur absichern möchte. Die zentrale Botschaft von Jesaja an dieser Stelle ist, dass man auf Gott vertrauen soll, weil allein er der Retter ist und Israel das Bleiben unter der Völkerwelt ermöglichen kann.

In Jes 9,5f wird die messianische Erwartung weiter ausgeführt. Hier ist davon die Rede, dass der messianische König auf dem Thron Davids sitzen und feierliche Namen erhalten wird (Wunder-Rat, Gott-Held, Ewig-Vater, Friede-Fürst). Des Weiteren wird auch darauf eingegangen, dass dieser „Davide" (= Nachkomme Davids) Recht und Gerechtigkeit im Volk durchsetzen wird. Er ist damit ein Friedenskönig, der in Übereinstimmung mit dem einen Gott und seinen Geboten/Weisungen handeln wird.

Der letzte messianische Beleg im Proto-Jesaja-Buch (hypothetischer erster Teil des Jesajabuches) findet sich dann im 11. Kapitel. An dieser Stelle im Jesajabuch wird gesagt, dass ein Spross aus dem Haus Isais (Vater von David) erstehen wird, auf dem der Geist Gottes (vgl. Salbung Davids) sein wird. Im weiteren Verlauf von der Beschreibung der messianischen Herrschaft wird ein paradiesisches Zukunfts-Bild gezeichnet, denn u.a. werden zu dieser Zeit (bildlich-gesprochen) Raubtiere bei Herdentieren lagern und es wird Frieden zwischen Verfeindeten sein.

Daneben sollte auch ein Ausblick ins Deuterojesajabuch (hypothetischer 2. Teil des Jesajabuches; im Kap. 45) gewagt werden, denn hier erscheint in der Gestalt des Perserkönigs „Kyrus" ein erwarteter Messias, der als historische Gestalt die Rückführung Israels aus der babylonischen „Knechtschaft" einleitet und den Weg für die erneute Besiedlung Jerusalems und die Grundsteinlegung des Tempels ermöglicht.

Im Michabuch, im 5. Kapitel, wird die messianische Hoffnung erneut auf das Davidsgeschlecht bezogen, denn der Messias kommt aus dem Geburtsort von David, nämlich Betlehem. Des Weiteren wird darauf verwiesen, dass der Messias (Heilskönig) wie ein Hirte im Namen Gottes auftreten wird und die Herde des Volkes Israel im Auftrag Gottes weiden wird.

Am Schluss dieser Beobachtung soll noch auf das Messiasbild des Sacharja- und Haggai-Buches eingegangen werden.

Im Sacharja-Buch ist davon die Rede, dass der Heilskönig auf einem Esel feierlich unter Jubel in Jerusalem einziehen wird. Des Weiteren wird er der Welt Frieden bringen und eine gottentsprechende Herrschaft auf Erden aufrichten.

Im Sacharja-, wie im Haggaibuch, wird dann darauf hingewiesen, dass der Messias mit „Serubbabel" zu identifizieren ist, der als Gottes Knecht Gottes Willen durchsetzen und den Aufbau Jerusalems und des Tempels vorantreiben wird. Jedoch erwies sich Serubbabel nicht als der große König, der David das Wasser reichen konnte. Vielleicht ist das auch der Grund dafür, dass das Scharjabuch in seinem weiteren Verlauf auf einen eschatologischen/zukünftigen Heilskönig eingeht, der durchbohrt sein wird und in seiner Niedrigkeit (vgl. Reiten auf Esel) Gottes hoheitliches Regiment in die Weltgeschichte einführen wird.

Zion

(Jerusalem und sein Gottesberg)

„Zion“ steht für den Ort des jerusalemer Tempels, kann aber auch für Jerusalem als Stadt gebraucht werden. Im Folgenden soll besonders das Jesaja-, das Jeremia- und das Michabuch bezüglich des Begriffes „Zion" untersucht werden.

Im Jesajabuch wird in 1,8 aufgezeigt, dass die „Tochter Zion" wie eine bedrohte und verlassene „Hütte im Weinberg" ist und allein Gott kann den „Zion“ wieder aufrichten und viele verschiedene Völker zum Zionsberg bzw. nach Jerusalem führen, um hier Frieden zwischen den Völkern zu stiften (vgl. Jes 2, Mi 4; dagegen Joel 4 [hier: Pflugscharen zu Schwertern!]). Besonders im Deuterojesajabuch (hypothetischer 2. Teil des Jesajabuches) ist Gott es, der den „Zion“ tröstet, erlöst und wiederherstellt. Diese Wiederherstellung begann mit dem Auftreten des Perserkönigs Kyrus (Jes 45), der (mit Darius I zusammen) die Rückkehr und den Wiederaufbau des Tempelbergs einleitete und ermöglichte.

Im Jeremiabuch ist es dann der „Zion", der leidet und angegriffen wird. Jedoch kann Jeremia in Kap. 30ff in einem Trostbuch eine hoffnungsvolle Zukunft für den „Zion" ansagen, denn die Exilierten sollen heimkehren und der Zionsberg soll in neuem Glanz erstrahlen.

Im Michabuch findet sich dahingegen zunächst ein radikales Gerichtswort gegen die, die den „Zion" auf Kosten der sozial Schwachen aufrichten wollen. Deshalb wird der Zion umgepflügt werden und Jerusalem wird als Waldeshöhe verwüstet daliegen (Kap 3 [besonders V. 12]). Im 4. Kapitel des Michabuches wird dann aber darauf verwiesen, dass der Zion als MIttelpunkt der Welt ein Ort ist, an dem Gott seinen Frieden unter den Vökern aufrichten wird (vgl. Jes 2). Daneben ist diese Heilsansage für die Zukunft Israels mit einem davidischen König verbunden, der von Betlehem kommend (Kap 5) die Wiederherstellung und erneute Sammlung Israels im eigenen Land vorantreiben wird.

Bibelstellenregister:

Geschichte Israels (Übersicht)

Nordreich:

Jerobeam I. (10. Jh.)

-1. Kön 12: Aufstellen von Stierbildern in Bet-El

-> Kult-Kritik: Am + Hos

Omriden (9./8. Jh.)

- Hauptstadt: Samaria

Gr. Bauprojekte mit Sohn Ahab zusammen

Jehu-Dynastie (9./8. Jh)

-Unterstützt u.a. von proph. Kreisen Elischas

-Jehu und Joasch unterwarfen sich den Assyrern

- Joasch = politische und wirtsch. Blüte

-Im 8. Jh. enstand Großbesitzertum (Folge: Schuldknechtschaft)

-> Sozialkritik: Am + Hos

Alleinexistenz Judas->

Syrisch-Ephr. Krieg

- Rezin (Damaskus), Hiram II. (Tyrus), Pekach (Israel)

gegen Ahas (Juda) -> Juda wird Assyrischer Vasall

- Assyrer nehmen antiassyr. Völker ein + setzen u.a. Hoschea als Statthalter in Israel ein

722: vollst. Eroberung Israels durch Assyrer (Salmanasser V.)

*- **Sargon II.** machte Israel zu Provinz Samaria*

-> alle Nordreichskönige werden in der Bibel negativ bewertet. (alle folgten der Sünde Jerobeams)

-603/602: König Jojakim(Juda) unterwarf sich Babylon.

-601: Necho hinderte Babylon

- 601: Jojakim stellt Tributzahlungen ein

- 597: 1. Deportation der Mittel- und Oberschicht (u.a. Ezechiel)

- Zidkija = kurzer antibabyl. Aufstand

-Hananja („Babylon werde untergehen") gegen Jeremia

-Zidkija: erneuter Seitenwechsel

- 587: Folge: Nebukadnezzar eroberte Juda (2. Deportation)

- 587: Zerstörung des Jerusalemer Tempel (Kontext: Babylons Tempel wurde 689 von Assyrern vernichtet)

- Gedalja als babyl. Statthalter in Jerusalem eingesetzt

- Ermordung Gedaljas und Exil Jeremias.

- Exil (Diaspora) in Babylon (komfortables Leben + Abgrenzung von Babylon [Sabbat, Beschneidung, Speise- und Reinheitsvorschr.), Ägypten (Anpassung an ägypt. Kultur) und in Judäa (harter Frondienst)

- ab 556: Nabonid (König Babylons)

-> Alleinverehrung des Mondgottes Sin (gegen Marduk)

- 539: Kyros/Kyrus Sieg über Babylon

- 520: Gr. Rückkehr unter Darius I.

- 520: Grundsteinlegung für Tempel

- 515: Einweihung des Tempels

- Nehemia-> Wiederaufbau Jerusalems

- Esra->Einhaltung der Tora als Aufg.

- 490: Schlacht bei Marathon (Griechen als neue Macht gegen Perser)

\>>>

10 Jh. v. Chr. „J" - 9. Jh. v. Chr. „E" - 8. Jh. v. Chr - 7 Jh. v. Chr. - 6. Jh. v. Chr. „D" - 5. Jh. v. Chr. „DtrG" „ChrG"- 4. Jh. v. Chr.

Südreich:

Nebeneinander von Israel und Juda (z.T. gemeinsame Aktionen mit Omriden)

Usijas/Asarjas profitieren von wirtschaftl. Blüte des Nordreichs unter Jerobeam II

Erst im 8. Jh. entwickelten sich in Juda territ. und ökon. Strukturen.

Ahas = Juda als Vasall Assyriens (gegen Jes 7) (syr.-ephr. Krieg)

Hiskija = Bau von Stadtmauer + Siloahtunnel -wirtschaftl. Aufschwung - 705: Einstellen von Tributzahlungen - kurze Belagerung Jerusalems und Hiskij. Kultreform (gegen Kulthöhen und Kultgegenstände)

Manasse/Amon: Loyalität zu Assyrien assurfreundl. Kult

622: Joschijan. Reform - Fund Ur-Dtn (Teil des 5. Mosebuches) - Gegen andere Götter und Kulthöhen - Ermordung durch Pharao

587: Jerusalemer Tempel wird von Babyloniern zerstört.

Printed by Books on Demand GmbH, Norderstedt / Germany